JN177052

吉村 誠

Makoto Yoshimura

お笑い芸人の言語学

テレビから読み解く「ことば」の空間

ナカニシヤ出版

はじめに

言語は、「ことば」を使って暮らしている一般民衆のものである。言語にとって大切なことは、意識であって知識ではない。どのような実感をもって「話している」かが重要なのであって、「ことば」の語源に関する知識や「文字」の由来に関する知識などはたいしたことではないのである。

本書は、現代の日本人にとって最もなじみの深いメディアであるテレビで「話されていることば」を材料にして、現代日本の言語空間の状況について考えようとするものである。

『さんまＶＳ東大生40人』というテレビ番組で、東大生の悩みランキング第一位としてあがっていたのは、「異性を目の前にしても、何と言ったらいいかわからない」というものだった。テレビスタジオのなかで明石家さんまが、「ふつうに、お茶誘ったらええやんかぁ」と言って、一人の男子東大生にトライさせたところ、その男の子は、隣の女子学生に向かってぶっきらぼうに、「今、ボク、お茶飲みたいと思ってる」と言った。出演タレントのヒロミがすかさず、「そりゃダメだ、「すみません、今度一緒にお茶でも飲みませんか」だろっ」と突っ込んだのだが、男子学生の口から滑らかな誘いの「ことば」は出なかった。そしてそのあとには、「女の子の電話番号を聞き出すのは、東大入試より難しいです」という発言が続いた。さんまの、「君ら、恋の授業は初等クラスやなぁ」でスタジオは爆笑の渦に包まれた（二〇一六年三月一三日『日曜ファミリア・さんまの東大方程式』フジテレビ）。

バラエティ番組の一シーンにすぎないが、明石家さんまの最後のひとことの背後には、実は「ことば」を使って生きる人間の生活」に関する、とても大きな問題が潜んでいる。

その問題とは、人にとって大切な「話すことば」を軽視して知識教養としての「書く言葉」を偏重し、日々の暮らしにとって重要な「生活ことば」を軽視して近代的国民としての「標準語」を強要してきた近現代日本の言語空間の歪みにほかならない。以下、本論で具体的に見ていくことにしよう。

お笑い芸人の言語学——テレビから読み解く「ことば」の空間＊目　次

目　次

第四章　新聞の「書き言葉」とテレビの「話しことば」との闘い

お笑い芸人の言語学——テレビから読み解く「ことば」の空間

序章　お笑い芸人の「ことば」から近現代日本の言語空間を問い直す

◇テレビはいまだにメディアの王座を占めている

本書は、現在の私たち日本人の生活において大きな位置を占めているテレビのなかで使われている「ことば」について考えることを入り口にして、現代日本の言語状況を考えようとするものである。そのなかでも特に「お笑い芸人」と呼ばれる人たちがどのような「ことば」を使っているのかを見ていくことから考察を始める。そのことによって、バラエティ番組だけでなくニュース報道やドラマなどの各種テレビ番組で使われている「ことば」の奇妙な特色が見えてくるし、新聞など文字の「言葉」の抱えている問題も明らかになってくる、と考えるからである。その考察はやがて、明治維新から戦後の高度経済成長を経て急速に先進国となった日本の近代化過程の特殊性と、その反映としての現代日本の言語空間の歪みを照らし出すことになるだろう。

二〇一六（平成二八）年の日本で、テレビはメディアの王座を占めている。インターネットの普及によって凋落を指摘されながらも、現在を生きている多くの日本人にとって、テレビが最大の情報源であり娯楽源であることはまちがいない。

年末大みそか恒例の『NHK紅白歌合戦』を例にとってみる。新聞など活字メディアは、『紅白歌合戦』について、ここ数年必ずと言ってよいほど「低落」という形容詞を付けてその視聴率を読者に報告する。たしかに一九六〇年代に八〇％もの数字を取っていたことに比べれば、二〇一五年大みそかの『紅白歌合戦』第二部（午後九時から）の視聴率は、関東で三九％、関西で四三％と、減ってきたことは確かである。しかし、この数字をテレビ全体の文脈に置いてとらえると違う見方ができる。『紅白』と同時間帯放送の日本テレビ『ダウンタウンのガキの使いやあらへんで！SP』の視聴率は関東一五％・関西一七％であった。またTBSやテレビ朝日やフジテレビやテレビ東京など、他局の同時間帯番組の視聴率をすべて合わせた「セット・イン・ユース」（日本の全世帯でテレビをつけていた割合）を計算すれば、それは約八〇％となる。つまり『NHK紅白歌合戦』単体の視聴率は下がっているが日本人全体のおよそ八割はテレビをつけて年越しをしていたのである。年末年始に限らず平常時においても「プライムタイム」（午後七時〜一一時）のセットインユースはこの一〇年間約七〇％で推移している。

また、私たちの消費行動に大きな影響を与える広告の総費用で見ると、二〇一四年の一年間の総広告費において、インターネット広告費がはじめて一兆円を超えたことが話題になったが、地上波・BS・CSを合わせたテレビメディア全体の広告費は約二兆円であり、一〇年前と比べてほとんど変わってはいない。この一〇年間で大きく減ったのは、新聞と雑誌の活字メディア広告費であり、新聞は一兆円から六〇〇〇億円に、雑誌は五〇〇〇億円から二五〇〇億円にと、ほぼ半減した（電通プレスリリースによる）。つまり、インターネットの普及や価値観の多様化といった時代の変化で、大きな影響を受けて凋落を余儀なくされた媒体は、当初に予想されていたテレビメディアではなく新聞・雑誌といった活字メディアだったのである。

以上のことから、現代を生きている私たち日本人が、生活のためのさまざまな情報を入手する媒体として、あるいは家庭でくつろいで娯楽のひとときを過ごすための手段として、テレビが現在でもメディアとしての王座を占めていることがわかる。

テレビがこれほどまで長く、そして強く、日本人の生活に定着している現象の理由についてはさまざまな解析が可能だろう。一つには日本人の文化的同質性の高さ、一つには団塊の世代の成長とともに日本全国に普及したテレビが高度経済成長期にしっかりと家庭生活に定着し、その団塊の世代が長寿高齢化してきたこと、一つには大手新聞社を経営母体とした免許制度によるテレビ局ネットワークの全国化システムの成功、などが考えられる。この理由の解析作業は、現代を生きる私たちのメディア状況を認識するうえで重要ではあるが、本書の目的ではない。

本書の当面の目的は、これほど大きく私たち日本人の生活のなかに根付いているテレビで、どのような「ことば」が話されているかについて考察することである。私たち現代日本人にとって最もなじみの深いメディアであるテレビで、いったいどのような「ことば」が話されているかを、じつは私たちはしっかりと考えたことがないのではないか。「ことば」はあまりにも当たり前に私たちの暮らしに存在しており、テレビはあまりにも当たり前に私たち日本人の生活に存在している。当たり前のことほど見えにくいものである。この「あたりまえ」を一度しっかりと疑って考えるところに、これからの私たちの言語生活や日本という国のあり方についての何かが見えてくるのではないだろうか。

◎お笑い芸人の「ことば」から日本の近代化を問い直す

テレビで話されている「ことば」を考える入口として、バラエティ番組で活躍している「お笑い芸人」と呼ばれる人たちの話す「ことば」から考えてみようと思う。

テレビをつけると多くのお笑い芸人が出演している。ビートたけし、タモリ、明石家さんま、ビッグ3と言われる三人を筆頭に、ダウンタウン松本人志・浜田雅功、笑福亭鶴瓶、爆笑問題太田光・田中裕二などなど。彼らは、じつに自然に楽しそうに活き活きとしゃべっている。そのテレビ番組を、子どもも若者も大人も笑いながら見ている。もちろん一方では、昔ほどではないにせよ「お笑い芸人が出ているような低俗な番組はよろしくない」と言う親や教育者もいるし、「たかがお笑い芸人が」とあからさまに見下す知識人もいる。しかし、そんな非難にもかかわらず、お笑い芸人は出演タレントとして、バラエティ番組だけでなくクイズ番組やスポーツ番組や、時には報道番組や選挙特番にすら登場する。彼ら彼女らがいなければ、日本のテレビ番組の半分は成り立たないだろう。そして、売れっ子ともなれば背広姿のサラリーマンの数倍から数十倍もの出演料ギャラを稼ぐ。これはじつに不思議な現象ではないだろうか。

お笑い芸人のどこがオモシロイのだろう?

なぜ彼らは楽しくしゃべっているのだろう?

その存在価値と市場価値はどこから来るのだろう?

三五年にわたって、テレビのディレクター・プロデューサーとして働き、そのあとに大学教員として言語について学んだ私が得た結論はこうである。前記の疑問に対する答えは、お笑い芸人と呼ばれる人たちの「話すことば」にある。それはどういうことか? お笑い芸人は、「しゃべっている」。家庭のなかで家族としゃべっているように「話している」。決して「読んでいる」わけではないし、「書いている」わけでもない。自明のことのように思えるが、それは決して自明のことではない。

お笑い芸人たちのように、テレビスタジオという空間で、あるいは大勢の人の前で、気楽に「話す」ということはとても難しいことである。特に、私たち日本人の多くは、人前や会社で、気楽にしゃべることがとても下手だ。それはなぜかというと、私たちが小学校や中学校や高校で、「話す」訓練をしてこなかったからである。学校教育の過程には、「話す」ことによって人間関係を深める、あるいは「話す」ことによって自己表現能力を高める、という項目はなかった。また、人前や教室や社会では、「ふだんどおりのことば」で話すのではなく「きちんとしたことば」で話さなければならない、と教えこまれてきた。さらには、「話す」ことよりも、文字をしっかりと「読み書き」することのほうが、大人になって社会に出て働いて偉くなるには重要なことだ、と教えられてきた。学校での勉強とは、もっぱら「文字の読み書き」のことだった。小学校に入ったら「文字」で教えられ、学校では「紙と文字による試験」をされ、そこで高い得点をとることのできた者が、いい高校やいい大学に行き、一流の会社に入って偉くなったと誉められて、幸せな人生を送ることができるのだ、と教えこまれてきた。しかし、本当にそうなのだろうか。

私たちの日常生活における素直な実感に立ち帰ってみよう。日々の暮らしにとっては「読み書き」よりはよほど「聞く話す」のほうが大切なのではないだろうか。そして、日々の暮らしで「話す」際には、「きちんとしたことば」よりはよほど「ふだんどおりのことば」のほうが大切なのではないだろうか。テレビで活躍しているお笑い芸人たちの「ことば」が提示しているものは、私たち日本人が学校教育や社会を通して教えこまれてきた「ことば・言葉」についての通念に対しての、「ことばを使う暮らし」の地平からの素朴な疑問ではないのだろうか。それは、巨視的に眺めれば、近代日本社会の歪んだ言語空間と、それを生み出してきた近代日本のいびつな社会構造にもとづくさまざまな価値規範に対して、日々の暮らしのなかの「ことば」の視点からの異議申し立てにほかならないのではないだろうか。

◇「ことば」とは何か？を、私たちの日常生活から考える

「ことば」とは何か、を考えることは人類学や言語学や哲学の壮大なるテーマであるが、決してそれは私たちの日常生活から離れたところにあるのではない。それどころか私たちの日々の暮らしの実感や素直な身体感覚のなかにこそ、その答えがあるはずだ。なぜならば、「ことば」とは、学者や知

識人や政治家や官僚たちの占有物ではなく、「ことば」を使って生きている私たち一般民衆のものだからである。だからこそ、「ことば」は、私たちの日常生活の実感から素直に考えるのがいいのである。

「ことば」の基本から考えてみよう。ヒトが「ことば」を通して行っていることの本質とは、お互いの気持ちのやりとりである。「情緒の交換」にもとづく「情報の伝達」である。「思い」を乗せて「意味」を伝え合う、と言ってもよい。決して一方通行の情報伝達だけではなく、双方向の気持ちの「やりとり」が前提なのである。そして、気持ちのやりとりをする「ことば」とは、口から出て瞬時に消えてしまうオトである。「ことば」とは、まず何よりも「話されていることば」のことである（ソシュール『一般言語学講義』岩波書店）。言語について考えるときには、必ず、この「ことば」の原点から出発しなければならない。

音声としての「ことば」と、読み書きする「文字」は別のものだ。「ことば」とは、人間の身体のなかから、喉と口を通して身体の外に出て、出たと思ったらとたんに消えてしまうもの。「音声言語」のことであり、本書では「ことば」とひらがなで書く。「文字」は目に見えて残るもの。今、あなたが見ているもので「オト」の出ない「文字言語」であり、本書では「文字」あるいは「言葉」と漢字で書く。言われてみれば、「ことば」と「文字」は別のものだと理解できるのだが、私たち現代日本人の多くはこの二つの違うものをひっくるめて「ことば・言葉」と呼んで何らおかしいと思わない。つまり、「音声言語」と「文字言語」を混同している、あるいは混同するように教育されてきた。

ためしに一例をあげれば、「言葉を大切にしよう」とか、「美しい言葉を使いましょう」とかの文言を見たり聞いたりすることがある。その場合、これを言った人や書いた人は「話すことば」と「文字の言葉」をきちんと区別しているだろうか。おそらく区別しないで混同している。それどころか、多くの人は無前提に「文字の言葉」を想定している。私たち現代日本人は、ソシュールが言うところの「書の威光」に惑わされているのだ。

なぜ、こういうことになっているのか？ そう教え込まれてきたからだ。誰に？ 明治以降一四〇年にわたって、近代日本の国家に、社会に、教育に、メディアにである。だからこそ、日本語を使って生きている私たちが、「ことば」について考える際に特に気を付けなければいけないこととして、言語学者の田中克彦が、「文字とはことばの正体をかくすものであって、文字をはぎとったところに、ほんもののことばが現れるのだ」と、繰り返し強調せざるをえないのだ（田中克彦『ことばとは何か』ちくま新書）。

私たちは、日々の生活で「ことば」をしゃべって暮らしている。家族としゃべり、友人としゃべり、街や会社や学校でいろいろな人としゃべって、気持ちのやりとりをして生きている。

本書では、私たちが日常の暮らしのなかで格別な意識をもたないで家族や友人と話している「ことば」を「生活ことば」と呼んで使用する。それは、学問的な概念ではなく生活実感にもとづくものである。そして、この「生活ことば」を基軸として、テレビのなかの「ことば」を考え、日本社会全体の「ことば・言葉」の問題を考えてゆく。

◇日本の近代化過程と「ことば」の問題

今の私たちが使っている「ことば」について考える際には、その「ことば」を育くんできた社会の歴史を知っておいたほうがいい。私たちは、ふだんの生活で何気なく「ことば」を使って暮らしているのだが、その「ことば」は今の私たちが無から発明したものではなく、母や父から習い、さらにその祖先たちから渡し継がれてきたものだからである。そして、その先人たちが生きてきた時代や社会の背景を背負って変化しつつ私たちに伝わってきた。「ことば」は決して、無色透明で公正中立なものではない。必ず政治的背景と社会的背景のもとにあるものだ。

「標準語」や「標準語近似値としての東京語」と「生活ことば」の問題については、第一章・第二章であらためて述べるが、ここで明治以降の日本の近現代史を概観しておこう。

明治維新を主導した藩閥政府は、帝国列強の植民地化圧力に対抗するために、大急ぎで「近代的な国家」という形を整え、「近代的な国民」という共通の意識を作り上げることを国策として採った。それは、ベネディクト・アンダーソンが言うところの、「プロシア・ドイツをモデルとした公定ナショナリズム」の設定であった。「国民」とは、そして「国民からなる国民国家」とは、彼が指摘したように「想像の共同体」にほかならない（アンダーソン『定本・想像の共同体』書籍工房早山）。民衆に対しては「みんなが日本国民としてまとまって強い国を作り外国に対抗してゆこう」と呼びかけ、諸外国に対しては「日本はこのように国民がまとまっていて強い国なのだぞ」という姿を見せることによって対抗しようとしたのである。「国民」からなる「国民国家」を目に見える形にするために、明治政府は政治経済の中央集権化を図り、殖産興業を推し進め、軍隊と学校教育を制度化した。
また、ミシェル・フーコーが明らかにしたように、「近代」という時代が規律化の進展していった時代であり、権力が形を変えて人々の欲望を巻き込んで「臣民としての主体」を生成する時代であった、ということも忘れてはならない（フーコー『監獄の誕生』新潮社）。

私たちが今使っている「ことば」について考えようとする本書にとって大切なことは、明治という時代のこういった諸政策の通底インフラ（社会基盤）として必要とされたのが、「日本国民に共通して通じる話しことば・書き言葉」としての、「國語」という概念であり用語であった、ということである。

「国語とは国民国家を成り立たせるための言語装置」である（田中克彦『ことばと国家』岩波新書）。「標準的な書き言葉」も「標準的な話しことば」も、人為的に設定されたイデオロギー装置にほかならない。時代性と社会性にもとづいて設定されたものなのに、それが今もなお私たちの使う「ことば・言葉」を縛っているのだ。

本来「ことば」は一人一人で差異があるものであって、それが人と人との交流のなかで混じり合い影響を受けて変化して共通化してゆくものである。ところが近代日本は、時代的・政治的な要請のもとに、この「ことば」の自然な変化を待つことなく「話しことば」も「書き言葉」も急いで全国規模の標準化を民衆に押しつけた。明治以降の日本人は、標準化された「國語」に習熟することが「近代人」になることだ、と教えこまれていったのである。「標準化された書き言葉」は学校教育という制度を使って広められ、教科書や新聞や書籍といった文字産業が国策に伴走して栄えていった。一方で「話しことば」は民衆の日々の暮らしに密着してあるものだから、いくら学校教育で標準化を強制してもそんなに簡単には統一できなかった（一〇〇年以上たった現在でも統一はされていない）。「話しことば」の統一と標準化は、一九二五（大正一四）年に始まったラジオ放送がその牽引役を果たし、やがてそれは戦後になってテレビへと引き継がれていった。

明治という時代の急ごしらえの「国民国家」形成という国家的戦略は、やがて日清戦争（一八九四〈明治二七〉～九五〈明治二八〉年）の勝利と日露戦争（一九〇四〈明治三七〉～〇五〈明治三八〉年）の勝利によって、後戻りできないほどの自信を国策指導者層だけでなく日本人民衆にも植えつけてしまったのだが、その行き着いたところが大東亜戦争の敗戦であったことは歴史の語るところである。この意味で、一九四五（昭和二〇）年の敗戦は、明治以降の日本の近代化のすべてを問い直す格好の機会だったのだが、戦後の経済復興政策と、一九五〇（昭和二五）年に始まった朝鮮戦争をきっかけとした国際政治の環境の変化は、問い直し作業の不十分なまま再び日本に急速な「産業先進国」形成を求めた。

政府と産業界は一体となって、国策として東京一極集中の経済効率主義を掲げ、「高度経済成長」政策の名のもとに「都市化・産業化・東京化」を日本全国に押しつけた。そして、ここでも諸政策実行のために必要とされた通底インフラ（社会基盤）は、「標準化された書き言葉」と、「標準化された話しことば」だったのである。学校教育がこのイデオロギー的国策を全面的に広め、メディアが相伴した。標準化された「書き言葉」を広めたのは教科書・新聞・書籍といった活字メディアである。標準化された「話しことば」を広めたのはラジオ・テレビといった電波メディアである。

◎歪んだ日本の言語空間とお笑い芸人の「ことば」

こうした日本の独特な近代化の結果として生まれて、今もなお私たちの言語生活を呪縛している「ことば」の歪みを指摘しておきたい。明治以降の近代日本社会は「ことば」について、大きな間違いを教え広めてきた。その一つは、私たちが日々の生活で使う「話しことば」を軽視して、知識教養として読み書きする「文字の言葉」を、より価値の高い高級なものだ、と教えてきたこと。もう一つは、日々の暮らしに使う「生活ことば」より、実際には存在していない架空の「標準語」のほうが、より価値が高い高級なものだ、と教えてきたことである。「ことば」についての、この二つの大きな間違いが不可分に結び付いて、日本の言語空間を歪めてきた。それは、現代日本の政治や経済や教育や科学やスポーツやメディアに見られる社会構造の歪みと密接につながっている。

私たち日本人は「書き言葉」の優位と「標準語」の優位という価値規範にのっとって教育を受け、育てられ、社会のなかで働いてきた。この、「ことば・言葉」についての日本社会の価値規範は、明治以降から戦後七〇年を経た現在に至るまで根本的には変わってはいない。

「書き言葉」と「標準語」を偏重した結果として、日本の言語空間は情報の伝達だけを目的とした一方的な「話しことば」と一方的な「文字の言葉」が飛び交う、とてもおかしな空間になってきたのではないか。たしかに、「文字の言葉」による知識や教養は社会生活に役立つ。しかし、人にとってもっともっと大切なのは、身体から出る「ことば」で家族や友人や他人と気持のやりとりをして、思いと意味を伝えることではないのか。どんなに学校の成績がよくて社会で偉くなったとしても、人生の充溢度は別のものである。また、現代の日本人は「話す」ことが不得手だ。それは、日々の暮らしにとって大切な「ことばで話す」ということを、長年にわたって学校教育が教えてこなかったからであり、さらには自然な「生活ことば」ではなく「良い標準語」で話すことを求められてきたからである。こうして、明治から現代まで続いている「ことば・言葉」についての間違った価値規範のせいで日本人は「ことば・言葉」で他者と気持のやりとりをするのが下手になったのだ。

さて、テレビを付けてみよう。

ビートたけしや明石家さんまや笑福亭鶴瓶やダウンタウンだけでなく、今田耕司も東野幸治も雨上がり決死隊も、久本雅美もマツコ・デラックスも、じつに気楽にいきいきとしゃべっているではないか。そして、彼ら彼女らの「話すことば」の多くが、「標準語」という規範からは外れていることに気がつくだろう。ここに、日本の言語空間について考える大切なヒントが横たわっている。

お笑い芸人たちは、近代日本の価値規範にのっとった社会的上昇という尺度から見れば、みんな「落ちこぼれ」である。学校教育のなかでは劣等生だった。元不良もいるし元暴走族もいたし、元ヤンキーもいる。貧しい家庭や複雑な家庭など社会的地位の低い環境に育った者も多い。プロ野球選手になるほどの身体能力にも恵まれなかったし、他人が振り向くようなスタイルや美貌にも恵まれなかった。大学に行った者も中退したり、親の望んだ道からは外れて芸人になってしまった。そんな彼ら彼女らが、大人になって今の日本社会で金を稼いで生きてゆくためには「身体から出る話しことば」に頼るしかなかった。だからこそ、彼ら彼女らは近代日本社会の誤った「ことば・言葉」の価値観と、それを形成した日本社会の構造的歪みに染まることから免れたのではないだろうか。そして、そのことをしっかりと自覚した者が「生活ことば」を唯一の武器にして、日本社会に異議を申し立ててゆくのである。ある者は「笑い」で、ある者は「皮肉」で。お笑い芸人とは、現代日本社会の価値紊乱者である。彼らの使う「ことば」を解析することから、明治以降の日本の「近代ナショナリズム」を超克する契機としての「生活ローカリズム」が見えてくるだろう。

◇本書の展開と章立て

二〇一五（平成二七）年は戦後七〇周年であった。終戦の年に生まれたタモリは七〇歳になり、ビートたけしは六八歳になり明石家さんまは還暦を迎えた。彼らが三〇年以上にわたってお笑い芸人のトップランナーとして活躍しているという現況は、逆を言えば彼らのテレビにおける登場から現在に至るまでにテレビのバラエティ番組に大きな構造的変化がない、ということでもある。

最近の若い芸人やテレビ制作者についてビートたけしはこう語っている。

正直言って残念なのは、彼らの作る番組が、ほとんど俺たちのやってきたことをなぞっているだけなことだ。〔中略〕新しいと思ったことは、まだ一度もない。（北野武『全思考』幻冬舎文庫）

このことは、ビートたけしや島田紳助や明石家さんまらが一九八〇年代に惹き起したテレビにおける構造的変化がそれだけ大きなものであって、それ以降現在に至るまでのテレビはその劇的変化の延長線上にあるにすぎない、ということを意味している。そこで本書では、まず第一章で「ことば」や「生活ことば」の基本について考える。ここでは、ヒトにとっての「ことば」の原点や、「話しことば」と「文字の言葉」の違いの基本を述べて、日本の近代史を通して「生活ことば」を考える。

第二章で、一九八〇年代におけるテレビの構造的変化について考える。そのために、いわゆる「漫才ブーム」の通説とは異なる実相を追う。あらかじめ言ってしまえばそこから明らかになったことは、「漫才ブーム」がもたらしたテレビにおける構造的変革とは「笑いを作り出すためのことばの変革」だった、ということである。それがわかることによって、ビートたけしや明石家さんまが今なおテレビの第一線で活躍し続けている理由や、それ以降で多くのお笑い芸人たちがテレビ出演者として登場してきたことの理由が明らかになる。

第三章で、今もなお続いている「生活ことば」と「標準語」との闘いを、いくつかのバラエティ番組やドラマを通して考えてみる。読んでいただく人にとってできるだけなじみの深い番組を選んだつもりである。

第四章では、ニュース報道というジャンルにおける新聞とテレビの比較を通じて、「書き言葉」優位思想と「標準語」優位思想に立ち向かう「生活ことば」の闘いの様相を見る。

簡潔な筋立てとして、

第一章で、トーク・バラエティの原点としての「生活ことば」について

第二章で、現在のバラエティ番組の原点である「漫才ブーム」の言語史的意味について

第三章で、バラエティやドラマに見る「標準語」と「生活ことば」の闘いについて

第四章で、新聞の「書き言葉」とテレビの「話しことば」の闘いについて

を主な論旨として展開してゆきたい。参考文献については末尾にまとめて記す。

私の願いは、現代を生きる私たち日本人が、「書き言葉」優位、「標準語」優位といった日本近代の特殊な歴史の上に流布している誤った言語価値観の呪縛から解き放たれて、社会生活のいろいろな場面で、今より少しでも気軽にいきいきと話せるようになればいい、ということである。今日も、テレビの画面のなかで気軽にいきいきとしゃべっている、あのお笑い芸人たちのように。

第一章　トーク・バラエティの原点としての「生活ことば」

現在のテレビ番組で主流を占めている番組形態の一つに、「トーク・バラエティ」と呼ばれるものがある。複数の出演者――タレントと呼ばれる人たちや、お笑い芸人や、俳優や、スポーツ選手など――が、同一空間で「話し」を交わして、そのなかに「笑い」を作り出してゆくものである。

では、私たち視聴者はいったい彼ら彼女らの「話し」のどこを「オモシロイ」と感じて笑うのだろうか。お笑い芸人たちは、日常生活でのありふれた会話を、「しゃべり」のプロとしてのさまざまな技術によって「オモシロイ話し」に変貌させているから、「話しのオモシロさ」を考えるための基礎対象としては適当ではない。そこで、「話しのオモシロさ」の基本を探るための対象として、まずはプロではない素人の「話し」を素材にして考察を始めよう。私たちは、他人が「話す」のを聞いていて、いったいどこを「オモシロイ」と感じて笑うのだろうか。

◇トークの面白さはどこから来るか

テレビのバラエティ番組には、笑いを生み出すためのいろいろな仕掛けがほどこされているのだが、その番組がなぜ面白いかの根本を探ろうとするには、仕掛けの部分を取り払ってみればよい。VTR映像やナレーションや音楽など、仕掛けの部分を取り払ってみると、番組の骨組みが素通しで見えてくる。

いろいろな仕掛けをほどこさずに、司会者と出場者との「トーク」の原形だけで成立している番組の代表として『新婚さんいらっしゃい!』がある。『新婚さん』は、毎週日曜日の昼下がり、大阪のABC朝日放送から全国ネットで放送されている（地域によっては放送曜日・放送時間の異なるところもある）。桂文枝と山瀬まみの司会で、毎週二組の夫婦が出演して、出会いから新婚生活までを話す。現在では唯一残っている視聴者参加番組である。この「新婚さん」を素材にして、「話しのなかのオモシロさ」を探ってみる。

ある日の放送の一部分を私の記憶によって再現してみよう。

私は『新婚さん』の四代目のディレクターでもあるのだが、二〇〇六年のこの放送のときは一視聴者として家庭で見ており、その内容を今でもはっきりと覚えている。登場してきたのは、大阪に住んでいる若いご夫婦で、小柄なご主人と可愛らしい奥さんとの二人であった。勤めている会社内で知り合ったという二人に桂三枝（当時）が初デートについて聞くところである。

ご主人　岸和田のほうのイタリアンの店、行きました。ご飯食べてて、千恵がトイレ行きまして、帰ってきたらエライ青い顔してるんですわ。
三枝　ほう、ほんで？
ご主人　「どないしたぁん？」て聞いたんですわ。そしたら千恵が「どないもクソもあるかぁ！」って言うたんですわ。
三枝　えぇっ何て！　「どないもクソもあるかぁ！」って。何やの、奥さん、「どないもクソもあるかぁ」って。
奥さん　私の前にこの人がトイレ行って、私がまんしてたからこの人が出てきたら慌てて行ったんです。ほんで急いで座ったら便器の中にズボッとはまってもうて。
ご主人　僕がトイレ終わって、便座降ろしてへんかったんですわぁ。
奥さん　サッと入って、パッとすわって、ズボッとはまって。身動き取れへんし、白のレースのワンピースはびちゃびちゃになるし。
三枝　わちゃぁー。
奥さん　何とかはい出して、びちゃびちゃになったワンピース、両手で絞ってティッシュでパッパッ拭いて。
三枝　これもみんなあの人のせいや、と。ほんで出てきたら「どないしたぁん？」てこの人が言うから。

奥さん　「どないもクソもあるかぁ！　あんたのおかげでお尻べチャべチャやないのぉ！」って。

三枝　それも大きな声で、「どないもクソもあるかぁ！」。

それまで、「大人しい女の子だなぁ」と思っていた女性の予期せぬ態度に驚きながらも、その素直さに好感を抱いたところから交際が深まった、というエピソードである。本来あるはずの音声をともなわない文字による記述なので、放送を直接見聞きした際の感興を呼び起こすのは難しいが、それでも思わず笑うほどに「オモシロイ」ことは確かだろう。

それでは、このトークの何がオモシロイのか、どこがオモシロさの所在なのだろうか。慌ててトイレに入った奥さんが便器にはまった、という出来事もさることながら、私たちが第三者の視聴者としてこのトークを見聞きしていてほんとに「オモシロイ」と感じるのは、レストランのその場面で、二人が「本当に発したことば」である、前のページで、「　」で囲った部分、傍点で強調した部分である。つまり、その日その時に実際に「話されたことば」の部分である。

そこだけを集約してみると、こうなる。

男　「どないしたぁん？」

女　「どないもクソもあるかぁ！　あんたのおかげでお尻べチャべチャやないのぉ！」

その日その時にレストランで実際に「話されたことば」はこれだけなのだ。ここがオモシロイのである。この、生活のなかで実際に「話されたことば」が面白いのである。それ以外は、テレビスタジオという別の時空間における、過去の出来事の説明である。そして、私たちの日常生活というものは「　」のなかの「会話ことば」の連続で成り立っている。

生活のなかで実際に「話されることば」こそがオモシロイ、ということをわかっている桂三枝は、だからこそ「　」のなかの「ことば」、「どないしたぁん？」「どないもクソもあるかぁ！」を大きな声で強調して、二度三度と繰り返したのである。それが収録会場の観客やテレビの前の視聴者の笑いを呼んだのだ。

「　」のなかの、実際に「話されたことば」のオモシロさの次に、起こった出来事のオモシロさと、その出来事を「説明することば」のオモシロさが位置している。

このことは「話されたことば」が、「方言」だとか「大阪弁」だとか「関西弁」だとかの、「ことば」の名付け分類の問題ではない。私たちがふだんの暮らしのなかで意識せずに使う「生活ことば」の強度の問題である。生活をしている当人たちが、そのときにその場で、廻りのことなど気にせずにしゃべっている「生活ことば」こそが、人間の暮らしのなかで最も自然で強い「ことば」なのである。

「方言」を含んだ「生活ことば」と規範的な「標準語」との関係について田中克彦はこう述べている。

矯正すべき方言の方が、標準語よりももっと正しい。なぜなら、そこには権力のコントロールが入ってなくて、より自然に近いからである。（田中克彦『ことばとは何か』）

「話しのオモシロさ」とは、話している本人が感じるものではなく、話しを聞いている第三者が感じ取るものである。喫茶店で思わず耳に入って来た隣のテーブルの二人の会話にドキッとした経験や、電車の座席で前に立った二人の会話に思わず笑ってしまった経験は誰にでもあるものだ。「話しのオモシロさ」の所在の起点は、「自然に話されたことば」なのだ。

◇「生活ことば」の強度

自然に話される「ことば」が強い「ことば」であり、笑いを生み出す起点であるということを述べた。

「ことば」の本来的機能は、「情緒の交換」と「情報の伝達」である。だから「強いことば」とは、「情緒」がしっかりと乗っていて、「情報」がしっかりと伝わる「ことば」だ、ということである。人間関係における「親しさ」とは、「情緒の交換」と「情報の伝達」の度合いの尺度だから、家族や友人といった親しい間柄であるほど、私たちは「自然で強いことば」を使っている。

この視点から『新婚さんいらっしゃい』を解析すると、『新婚さん』というテレビ番組は、登場する男女の関係性の変化や暮らしぶりを、その二人が「生活のなかで話していることば」を通してうかがい知る番組だ、という骨格が見えてくる。だから、登場する夫婦に求められるのは「ふだんのように話す」ことである。

『新婚さん』のスタート当初から構成作家をつとめてきた尾上《おのえ》たかしは、出場者に望むこととして、次のように言っている。

なにも田舎弁でしゃべれとは言っていないが、自分が親兄弟としゃべる言葉、ふだん、夫婦がご飯を食べながらしゃべる言葉、友達と久しぶりに会った時にしゃべる言葉で話しをして欲しい。

（尾上たかし『新婚さん！べし、べからず便利帳』テレビ朝日出版）

「生活ことば」でしゃべって初めてその人のふだんの生活が垣間見えてくる。二十数年、三十数年と別々の人生を歩んできた男女が出会い、一緒に暮らすようになったらそこには数え切れないほどの喜怒哀楽のシーンがあるはずだ。自然体でしゃべれば、デートの場面やお風呂のシーンはもちろん、生活費の苦労話や夫婦喧嘩のシーンでさえオモシロクなる。本人たちが他人目を意識する余裕もなく必死になっていればいるほど、他人から見てオモシロさやおかしみが湧き出てくるのだ。

これが『新婚さんいらっしゃい！』というテレビ番組のコンセプトだ、ということが明らかになってくる。生活の言語的現れが「生活ことば」である。

「話しのオモシロさ」の起点が「生活ことば」にある、ということの実例を『新婚さん』からもう少し取り出してみよう。

一つ目は、東京に住んでいる夫婦の番組内での会話からである。

男　人前では「ヨシオさん」、ふたりのときは「ヨシりん」です。

女　人前では「おい、ルミ」、ふたりのときは「ルミにゃん」です。

二つ目は、名古屋の予選会で、当初はおとなしくて綺麗な「ことば」でしゃべっていた奥さんが、うちとけたあとにしゃべった「ことば」である。

奥さん　名古屋言っても、うちらは三河だもんで、この人が、「おまえのことばはよぉ、どえりゃぁきたないからやめぇ」言うんだわ。ほいで私もよそ行ったらしゃべらんくなったじゃん。私の顔にこういうことばはまぁ似合わんじゃんね、そうだらぁ。

暮らしのなかで実際に話される「生活ことば」は強くてオモシロイ。そしてこれらは「文字の言葉」ではなく、「オトのことば」である。だから、これらは「声に出して読みたい日本語」ではなく、「声に出してしゃべりたい日本語」なのである。お笑い芸人という人たちは、こういった「ことば」の働きをとてもよくわかっていて意識的に技芸として使うことで「笑い」を作り出している。

テレビ番組『すべらない話』から、その一例をあげてみる。漫才コンビのフットボールアワーの後藤輝基が、「ブサイク芸人」と呼ばれている相方の岩尾望について語る部分である。

後藤　相方の岩尾は、本当にかわいそうなやつなんです。道歩いてて、女の子が、二人でこちょこちょ言うてるんです。「はょ、あ、あ、あんた行きいや、握手行っといでや」。あぁ、岩尾もファンおんねんやなぁ、良かったなぁ、と。んなら女の子が、「行きいや、あんた、ジャンケン負けたやろ」。岩尾は罰ゲーム扱いされるような男なんです。

後藤は、二人の女の子の「　」の会話を、前後に振り分けて使うことによって、状況描写を視覚立体化させて「笑い」に導いている。こういったことが「笑い」を作る「話し芸」の技巧の一つなのだが、その根底には「生活ことば」の強度についての認識がある。

自然な「生活ことば」が、「笑い」を産み出すために有効なだけでなく、私たちの暮らしにとってより有効なコミュニケーションを生み出すことが明らかであれば、家庭を出た外部社会においても「生活ことば」で自然に気楽に話せばよいではないか、と思うのは当然である。しかし、私たち多くの日本人は、一歩家庭から外に出て、街や学校や会社に行けば、自然な「生活ことば」で話すことにためらいを覚えてしまう。それはなぜかと言えば、人前では「生活ことば」ではなく「きちんとしたことば」で話さなければならない、という暗黙の縛り――「ことば」についての価値規範――の網がかかっているからである。「生活ことば」の発露に圧力をかけている価値規範の正体が「標準語」である。

以下に、「生活ことば」と「標準語」との関係を見てゆこう。

◇「母のことば」を基礎として形成される「生活ことば」

私たちにとって最も自然な「生活ことば」はどのように形成されるのであろうか。そもそもヒトはどうやって「ことば」を修得するのだろうか。近年、進化生物学や脳科学の研究によって、「ことば」に関する大きな発見が相次いだ。

その一つは、「ミラーニューロン」の発見である。一九九六年に、イタリアのリゾラッティらによって発見された「ミラーニューロン」は「鏡の神経細胞」と訳されているが、それは簡単に説明すると、「他人がしている手足や唇などの身体動作を見ているだけで、見ている本人の脳の運動野において動作を行っている他人の運動野と同じ部分が活性化している」というものである。つまり、このことによって、ヒトの「模倣」や「学習」の仕組みが説明できるのだ。

もう一つは、二〇〇三年に発表された「FOXP2遺伝子」の発見である。これも簡単に説明すれば、イギリスで家系的に言語障害が見られる人たちを調べているうちに、その人たちには共通して「FOXP2」という遺伝子が欠損していることがわかった、というものである。つまり、「FOXP

2」という遺伝子が言語能力の実現に関係しているのではないか、という推測が成り立つのである。
しかし、これだけで「ヒトの言語」の獲得が遺伝子にもとづく本能的なものである、とは言い切れない。「言語」はヒトのコミュニケーション行動のなかの一つであって、それは身体能力的・生理的・心理的な複雑な要素がからみあってできあがるものだからである。

こうして「ヒトの言語」の発生や修得のメカニズムについては、新たな発見がありながらも、その解明はいまだに研究の途上にある（以上は、正高信男・辻幸夫『ヒトはいかにしてことばを獲得したか』大修館書店などを参考にした）。

しかし、今の段階でも、確かなことがある。それは、ヒトが誰から「ことば」を習って覚えるか、ということである。私たちは、生まれてものごころ付いた頃には「話せる」ようになっている。まだ小学校にも行っていないのに、文字も読めないのに、しゃべれるようになっている。いったい誰が私たちに「ことば」を教えてくれたのか。「母」である。あるいは「母がわりの人」である。母親が子どもにおっぱいを吸わせながら、「はい、よしよし、おなかすいたの」などと話しかける「オト」を聞いて、子どもは「ことば」を身に付けてゆく。気が付いたら、いつのまにか身に付いてしゃべれるようになっている根源の「ことば」のことを「母語」という（それは決して「母国語」ではない）。もちろん、「オトのことば」であり、「話しことば」である。つまり、ヒトの赤ん坊は、母の乳によって身体を育てられ、母の口によって「ことば」を育てられるのだ。「母」によって、ヒトは人になるのである。

人それぞれに母が違うし、生まれ育つ地域も違うし、家庭のありさまも、家庭の属する社会階層も違う。だから、「母からもらうことば」は、厳密に言えば、一人一人が微妙に違うのである。それはちょうど、一人一人の背の高さや身体の大きさが違っているようなものだ。私たち日本人の場合には、多くの人が自然に身に付けた「ことば」が、総体として言語分類上では「日本語」である、ということにすぎない。「母」が運命であるように、母からもらう「母語」も、いわば運命である。

人は成長するにしたがって、家庭のなかからとなり近所へ出てゆき、幼稚園へ通って新しい友だちと交わり、小学校へ上がってまた新しい友だちや先生と交わってゆくうちに「ことば」を重層的にふくらませて増やしてゆく。どんなに「ことば」が増えてふくらんでいっても、脳の奥で核となっているのが「母語」であることに変わりはない。それはちょうど、成長するにしたがい背が伸びて身体が大きくなっても、親からもらった骨格そのものが変わらないのと同様である。

こうして、母からもらった「母語」を核として、日々の暮らしの積み重ねのなかでふくらんでいった「ことば」、ふだんの生活で家族や親しい友人と何気なく話す「ことば」が、「生活ことば」である。したがって「生活ことば」とは、「方言」（地方のことば）と同じ意味ではない。「方言」をも含みながら、その人が生まれ育った地域や家庭の言語文化の影響を受けながら、意識しないうちに使うようになった「ことば」である。

一人一人の人生の筋道が違うように、各人の「生活ことば」は微妙に異なっている。別の言い方をすれば、「平均的な人生」や「標準的な人生」なんてものが人生の実態としてあるわけではなく、一人一人の人生は必ず特殊で固有な「訛った人生」なのであり、一人一人の使う「生活ことば」は必ずその人なりに「訛ったことば」なのである。「生活ことば」とは、その人の人生の歴史の言語的現れにほかならない。

そして、ここが肝心なのだが、どんな「生活ことば」も本質的に平等であり優劣はない。世界のどのような言語間にも本質的な優劣はない。それは、肌の色が違い、体格が違い、顔立ちが違っていても、人間としての本質に優劣がないのとまったく同じことである。

しかしながら一方で、東北の「ズーズー弁訛り」や沖縄の「ウチナンチュウ訛り」の話者だけでなく、各地の「方言訛り」の話者が、なんとなく「標準語」や「東京語」に対して、劣っているような気がして恥ずかしさを感じてしまう、という感覚がある。それは、「ことば」としての本質的な優劣によるものではなく、社会的な優劣である。「社会的な優劣」とは「社会」が作り出したものである。日本の全国各地の「生活ことば」の抱く劣等感は、日本の近代の所産なのだ。

◎近代化による「国語」と「標準語」の生成

一般民衆にとって日々の暮らしを営むうえで最も自然な「ことば」は「生活ことば」であるのに、社会生活のなかでその発露を妨げている目に見えない圧力が今もある。それが、「標準語」という価値規範である。

しかし、「標準語」という考えは、それまでバラバラだった日本全国の「話しことば・書き言葉」

を統一するために、明治政府によって作り出された人工的な概念である。

明治以前の徳川時代は、幕府と諸藩による「幕藩体制」という地方分権制であり、決して江戸を中心とした官僚による中央集権制ではなかった。全国の一般民衆が暮らしで使う「ことば」も、それぞれの藩の内で通用する「おくにことば」だったわけで、もちろん現代のテレビ時代劇で使われるようなものではなかった。たしかに東北や、九州や、京都・大阪や、江戸の間では「ことば」が通じにくいという不便さはあったが、「漢字」という書記システムがゆきわたっていたので、意思の疎通は可能だった。少なくとも、その状態で徳川時代は二六〇年続いたのである。

そんな徳川時代が、民衆にとって決して暗黒の時代ではなかったことは、幕末から明治にかけて日本を訪ずれた異邦人たちの見聞を『逝きし世の面影』にまとめた渡辺京二が、「風景と人びとのうえに、輝くばかりの幸福感がみちみちていた独特の文明を形成していた時代であった」と記すところである（渡辺京二『逝きし世の面影』平凡社ライブラリー）。人々は、快活で無邪気で、小さな子どもから大人にいたるまで、よく笑いよくしゃべっていた、というのである。日常の言語生活において規範的な言語価値観に煩わされることなく気楽にしゃべれていたという点において、江戸時代は言語的には牧歌的な時代だったと言える。

そのような状況の日本に世界の帝国列強が押し寄せて、開国と植民地化を求めたために、薩長土肥の武士団を中心に明治維新という武力革命がなされ、その結果として薩長人を中核とした明治藩閥政府ができあがった。明治政府の指導者たちは、諸外国の植民地化圧力に対抗するために、急いで「近代国家」を作り上げる必要に迫られた。その際に政府の採った基本政策が、「プロシア・ドイツをモデルとした「公定ナショナリズム」の一変形」だったのである（アンダーソン『想像の共同体』）。

明治政府は、政治・経済・軍事を東京に集中させる中央集権制によって、近代的な「国民国家」の形成を図ろうとした。目指したものは、「国民」意識の醸成と、「近代的産業国家」の確立であった。一般民衆に対しては「あなたたちは日本という国の「国民」なんですよ」という意識を植え付け、諸外国に対しては「私たちの日本はこれだけまとまった「国民」からなる強い「国民国家」なんだぞ」という姿を見せようとしたのである。

「国民意識の形成」という政策を支えたものが、学校という公教育制度と、教科書・書籍・新聞といった出版資本主義であったことはベネディクト・アンダーソンが指摘するとおりである。学校の教室で教師がこどもたちに「ことば」で教える際にも、書籍や新聞で大人が「文字」から知識を得る際にも、必要な通底インフラ（社会基盤）として「日本の國語」が作り出され、「標準語」が作り出されたのである。

今でも多くの人が誤解して混同しているのだが、「日本語」と「国語」とは違う。「「国語」は決して日常のことばではなく、明治のはじめ、西洋の事情などにも学び、熟慮の末作り出された、文化政策上の概念」なのだ（田中克彦『ことばと国家』）。そして、「「国語」とは、国民国家のイデオロギー装置」だったのである（ましこ・ひでのり『ことばの政治社会学』三元社）。

「国語」という言葉は一八九四（明治二七）年の上田万年《かずとし》による講演『国語と国家と』に始まる、

とされるが、この段階ですでに明治維新から二七年が過ぎている。私たち一般民衆が日々の暮らしで使う「ことば」は、母語にもとづいて人生のなかで形成されるものだから、たとえ政治・経済が急に変わろうとも、「生活ことば」は急には変えられない。新しい時代になったとはいえ、一般民衆の暮らしは昨日に続いて今日があり、今日に続いて明日が来る。暮らしのなかで使う「ことば」は続いていく。

明治維新後の一般民衆が時代の変化に対応しながら、どのように「ことば」を使って暮らしていたかは、二〇一五年下半期のNHK連続ドラマ『あさが来た』での登場人物たちの生活を見れば推測できる。京都に生まれて大阪に嫁いだ主人公の白岡あさ（波瑠）は、維新後も、「だんなさま、それはよろしゅうございましたなぁ」「なんでだす？」「びっくりぽんやわぁ」と言って暮らしていた。

一般民衆の「話しことば」の統一はなかなか進まなかった。だからこそ明治政府は「国語」という概念と、その言語的現れとしての「標準語」を強制力をもって広めようとしたのである。

「標準語」という考えも、「国民国家」のイデオロギーの一つにほかならない。決して「ことば」本来の自然な姿に由来するものではない。何よりも、言語として存在実態のない観念上の「ことば」である。

「標準語」という用語は、一八九〇（明治二三）年に岡倉由三郎が「standard language」の訳語としてはじめて用い、一九〇二（明治三五）年に文部省の国語調査委員会が「方言を調査して標準語を選定する」方針を打ち出したところから定着してゆく。そして、一九一六（大正五）年に国語調査委員会が研究成果の一つとして『口語法』を刊行し、そのなかで、「主として、東京で教育ある人々の間で使われる話しことばを標準とする」として、これ以降はいわゆる「東京の山の手ことば」が標準語の手本とされるようになった。当時、すでに明治維新から四八年が経過していたのであり、逆に見ると「話しことば」は人の暮らしに密着してあるものだから、そう簡単には「統一化」されたり「標準化」されたりはしない、ということの証でもある。

「国語」という考え方と、「標準語」による「書き言葉」「話しことば」の普及に大きな役割を果たしたのが学校教育だった。小学校の義務教育は一八七二（明治五）年の学制発布によって始まっていたのだが、民衆の間で子どもを学校に通わせることが定着するのには時間がかかり、通学率が九〇％を超えたのは一九一五（大正四）年のことである。つまり、「標準語」が日本全国で子どもたちに教育されるようになったのは明治の後期から大正・昭和にかけてであって、たかだかここ一〇〇年にすぎない。

「標準語」が国家としての文化政策であるかぎり、そこには明文化されてはいないが内面的な強制力をもった「価値規範」が設定されていた、ということが重要である。その「価値規範」とは、「標準語」は「生活ことば」よりも優れている、「書き言葉」は、「話しことば」よりも優れている、という「ことば・言葉」についての優劣の価値設定であったのだ。これこそが、明治中期以降一〇〇年間にわたって私たち日本人の言語生活を歪めている本質的な錯誤である。

◇明治——「近代ナショナリズム」の現れとしての「標準語」

「標準語」の普及は「書き言葉」から行われた。「文字」は、目に見えて残るもので、「話しことば」ほど身体性にもとづくものではなく、日々の暮らしからは一段遊離した知識に属するものだから教えやすい。一九〇四（明治三七）年に、最初の国定教科書である『尋常小学読本』が作られて、全国の小学校で使われ始めた。教科書出版会社や、書籍出版会社や、新聞、といった「文字で商売する」出版メディアが産業として、この文化政策を支えたのである。

「話すことば」の「標準語」化は、一九二〇（大正九）年に始まったラジオ放送がその伝播役を担った。NHKのアナウンサーたちは、自分がそれまで生まれ育って身に付けていた「生活ことば」を捨てて、「優れた標準語」を修得し、それをラジオを通じて一般民衆に広めようとした。

このように教育と活字メディアと電波メディアによって、私たちの「生活ことば」は社会生活のなかで「劣ったことば」として追いやられていったのである。

しかし、「標準語」の策定と普及は、文化上の言語政策の面からだけでなされたのではない。明治政府にとって最も肝要だったのは、諸外国に対抗するための「産業力・軍事力」の向上であり、「近代国家」の建設だったからである。そのための中央集権制だったのだ。

明治政府は、「近代国家」を急いで形成するために、中央集権制による経済効率主義を採った。つまり、日本全土の均一的な発展ではなく、「都市」部の集中的な発展を計画したのである。その、選ばれた「都市」部が太平洋ベルト地帯であった。明治政府は国策として、日本海地域や内陸部から太平洋ベルト地帯に、ヒト・カネ・モノを集中的に移転させることによって、効率よく日本全体の産業化と都市化を図ったのだ。

一八八七（明治二〇）年以降の産業革命期における社会的資本の格差的形成が要因となって、それまでにはなかった「表日本」と「裏日本」が生み出されたことを、古厩忠夫《ふるうまやただお》は『裏日本』（岩波新書）において明らかにした。明治の殖産興業と富国強兵は、北陸地方や山陰地方や東北地方や九州地方などを、ヒトやモノの供給源として、いわば国内植民地として分業設定することによって成り立ったのである。明治の「近代化」が、それまでになかった「都会」と「田舎」を作り出したのだ。現在の日本各地の「田舎」が最初から「田舎」だったわけではない、「都会」が最初から「都会」だったわけではない。ここ一四〇年間の日本の近代の歴史の結果としてそうなったにすぎない。

この社会構造の変化が、「ことば」においては「都会のことば」と「田舎のことば」という格差関係を生み出してしまった。「標準語」と「生活ことば」の優劣関係は、「都会のことば」と「田舎のことば」という経済格差の関係に置き換えられて民衆に浸透していったのである。

それは学校教育の現場を考えてみればよくわかる。学校教育に携わる教員にしてみれば、自分の教える子どもたちがやがて「都会」に出て行って社会で働く際に役立つようにと思い、「標準語」という「都会のことば」を教えたのだ。「標準語」は、新しくできあがりつつあった「近代産業社会」で働くための「ビジネス日本語」という生活技術の役割を果たしたのである。一般民衆は決して「単なる憧れ」で都会に出て行くのではない。都会に出なければ仕事がないし、都会に出ればカネのもうかる仕事があるからだ。都会に出て行って働くときに役立つようにと「標準語」を修得しようとしたのだ。

また一方で、明治政府による「近代化」が決して藩閥政府の独断専行だったわけではないことを忘れてはならない。諸外国からの圧迫に対しては、明治政府の指導者だけでなく、知識階級や、政治的意識をもつ多くの民衆も「近代国家」の形成による国防を望んだのである。それは、「公定ナショナリズム」に呼応する「民衆的ナショナリズム」が潜在していた、ということを意味している。ミシェル・フーコーが言うように、「近代という時代は規律化の進展していく時代であり、「臣民」が生成される時代」だったのだ（フーコー『監獄の誕生』）。

以上のようにして明治後期から大正・昭和にかけて、学校教育と産業社会を通して「国民意識」の醸成のために「標準語」政策が推し進められていったのである。それは「国民国家」の価値規範の内面化であり、「ことば・言葉」についての優劣意識の拡大再生産の過程でもあった。「標準語」とは近代日本を支える「良き国民」になるための「ことば」であり、「日本的近代ナショナリズム」の言語上の所産である。

◎戦後――「産業ナショナリズム」の現れとしての「東京語」

明治政府による「国民国家」の形成と、「国民意識」の醸成が、文化政策としての「標準語」を作り出した、ということを述べた。そしてそこには言語の優劣意識の裏付けがあったことも述べた。

言語文化の優劣意識について、ましこ・ひでのりは、「その根拠が客観的・普遍的である必要はまったくない。おそらく大半のばあい、言語文化の優劣意識は、たしかな根拠なしに成立・持続している」（ましこ・ひでのり『ことばの政治社会学』）としている。多くの一般民衆にとって、いくら学校で「標準語」のほうが優れていると教えられても、日々の暮らしでは「生活ことば」のほうが大切なことは素朴な実感として明らかであるから、そう簡単に「生活ことば」は標準語化されない。ただ、「都会」に出て働いて金を稼ぐうえでは、「都会のことば」に合わせたほうが得である、という経済上の利便性のゆえに民衆は「都会のことば」を修得する。

ここで留意すべきは、明治・大正・昭和にかけては「都会」とは、東京だけではなかった、という点である。明治政府の国策は、太平洋ベルト地帯の工業化・都市化だったわけで、戦前までは東京だけでなく大阪も名古屋も京都も横浜も福岡も「大都会」だったのだ。

後背地としての農村から「都会」に出ていった労働力は、それぞれ各地の「都会のことば」に合わせて産業社会生活を営んでいった。「書き言葉」の「標準語化」は日本全国でかなり迅速に進んだが、「話しことば」の「標準語化」は日本全国でそれほど均一にゆきわたったわけではない。「話しことば」において、「標準語＝東京語＝都会のことば」が、経済格差をともなう価値規範として単線上に位置して機能し始めるのは戦後なのである。

明治日本の近代化政策は、日清戦争で清国に勝ち、日露戦争でロシアに勝ったことによって、引き返すことのできないほどの自信を政府指導者と国民にもたらしたのだが、その行き着いたところが大東亜戦争の敗戦であったことは誰もが知るところである。その意味で、一九四五（昭和二〇）年の終戦は、「ことば」の体制だけでなく社会体制や経済構造など、明治維新以降七〇年間にわたる「日本の近代化」の総体を問い直す格好の機会だったのだが、国際政治の状況の変化がそれを許さなかった。一九五〇（昭和二五）年に起こった朝鮮戦争と冷戦構造の発生が、「先進資本主義国としての日本」の建設のために、再び日本に中央集権的な経済効率主義を求めたからである。それは明治以降から終戦に至るまでのものよりもさらに一層明確に、経済合理性と効率主義にもとづいていた。その目指したものが「東京を頂点としたピラミッド形産業社会」の構築であったのだ。

私たちが今現在使っている「ことば」は、こういった日本社会の産業構造ととても深く結びついているのだ。

それでは、現在のような「東京を頂点としたピラミッド」が、どのようにして成り立ち、それが私たちの「生活ことば」にどのような影響を及ぼしてきたのかを考えてみよう。戦後の経済復興から、朝鮮戦争による特需を受けて日本経済は上昇の波に乗った。そこで先進資本主義国に追いつくために採られた政策が「高度経済成長」政策だった。

高度経済成長政策とは、一九五四（昭和二九）年から始まる経済上昇基調を受けて池田内閣が一九六〇年に「所得倍増計画」を唱えたことに始まり、一九六二年の「全国総合開発計画」（全総）、一九六九年の「新全国総合開発計画」（新全総）、一九七二年の田中角栄による「列島改造論」を終えて、最終的には、一九八七年の「第四次全国総合開発計画」（四全総）に至るまでの、国土開発を軸とした経済政策である。その政策は表向きとしては、産業基地を全国に配置して日本全体を均質的・画一的に発展させることにより、都市部と農村部の経済格差をなくして全国的な経済成長を成し遂げ、その結果として日本人の誰もが豊かな消費生活を手に入れることができるようになる、というものであった。しかしその内実は違っていた。

たしかに地方の産業化・工業化は進めるが、上がりとしての富はすべて東京に集める、という中央集権的な国内分業システムの思想であったのだ。高度経済成長の基本となった考えについて、宮本憲一は次のように解析している。

> 新全総は、日本列島をひとつの都市のごとくとらえ、資本からみて最大の経済効率をあげるために、地域的に社会的分業を徹底しておこなう方式である。すなわち、むつ小川原や志布志は台所または便所にして、東京や大阪は座敷か応接間にしようというのである。（宮本憲一『地域開発はこれでよいか』岩波新書、強調は引用者）

「むつ小川原」とは、青森県の下北半島にある六ヶ所村を中心とした地域で、当初は工業基地として開拓されたものの、現在は核燃料の再処理工場となっている。また「志布志」とは、鹿児島県の大隅半島の東側の湾部で、現在は石油備蓄国家基地となっている。

つまり、「高度経済成長」の論理とは、日本全国の地方を犠牲にして都市だけが繁栄する、という考えだったのである。利潤の集まる大都市には企業の管理機能が集中するから大きな雇用が発生する。経済の国際化と情報化が進むなかで、管理中枢の機能はますます東京に集中し、企業の多くは本社を東京に移していった。かつては第二応接間の位置にあった大阪でさえもその存在感を薄れさせていった。

こうして、日本全国のカネ・ヒト・モノが東京に集まるようになり、一九七〇年台から一九九〇年台にかけて「東京を頂点としたクリスマスツリーのように中央集権的」(古厩忠夫による表現)な経済社会構造ができあがっていったのである。その結果、日本人にとって東京だけが「都会」であり、東京以外は「田舎」である、という格差意識が形成されたのだ。

戦後日本の経済効率至上主義の論理とは、国内植民地の論理であった。そのわかりやすい現れが、福島・柏崎・若狭・川内、という「台所や便所としての田舎」にだけ設置された原子力発電所である。

高度経済成長の結果としてできあがった「東京一極集中」が、私たちの「生活ことば」にどのような影響をもたらしたか、という「ことば」の問題に戻ろう。「ことば」への影響という面からして、大きな変動要因となったのは全国の農村部から都市部への若者労働力の移動である。折しも、戦後まもなく生まれた「団塊の世代」の中学卒業と高校卒業の時期が経済成長期と重なったために、多くの若者が安価な労働力として「都市」へ吸引されていった。そのうち最も多くの若者が出て行った先は「東京」である。ちなみに、高度経済成長の始まる前の首都圏人口は、一九五〇(昭和二五)年に一三〇〇万人であったが、高度経済成長の終わった一九八〇(昭和五五)年には二九〇〇万人になっていた。

東京に出てきた若者は、東京で社会人として働いて金を稼ぐという経済利便性のゆえに「東京語」を修得しようとした。「ことば」は経済生活を営むうえで、必要な生活技術でもあるからである。つまり、「東京語」は、「東京」を頂点とした戦後産業社会のなかで働いてゆくための「ビジネス日本語」の役割を果たすようになったのだ。

経済成長が国家としての戦略であったと同時に、経済成長による物質的な豊かさを一般民衆が望んだこととが合体した結果、「東京語」は日本のなかで支配的言語の位置を占めてゆくようになっていった。「東京語」とは経済成長を支えた「産業ナショナリズム」の言語的現れである。

◇「標準語」と「東京語」と「生活ことば」の位置関係

経済成長が進んでゆく過程で「東京語」が日本のなかで支配的な位置を占めるようになった、ということを、もう少し丁寧に考えてみる。

もともと明治政府によって作られた「標準語」という考えは、あくまで人工的なもので言語として実際には存在していないものだから、一般民衆としては参照のしようがない。そこで民衆は具体的には「標準語に近いことば」として「東京語」を参照したのである。要するに「標準語近似値としての東京語」であった。

「標準語、もしくは標準語近似値としての東京語」対「生活ことば」という対置関係においては言語政策上の優劣関係が存在していた。一方で、「都会のことば」と「田舎のことば」という経済格差にもとづく社会生活上の損得関係があった。それが、戦後の高度経済成長期を経てゆくうちに、「都会」とは「東京」のことだと収斂していったために、「都会のことば」とは「東京語」を意味するようになっていったのだ。こうして、言語政策上の優劣関係と経済上の損得関係が合わさって、【都会のことば＝東京語＝標準語＝良いことば】という「ことば」についての単線的な価値観が日本全国で形成されていったのである。言語の優劣関係は、政治や経済といった社会的関係が生み出すものなのである。

地方の田舎から東京に出て働くようになった新入社員に対して、「君さぁ、そんなに訛っていたら、東京の営業じゃ通用しないよ」と、「東京語」で偉そうに言った先輩社員が実は五年前に青森から出てきた人だった、というのは今でもよくある話しである。東京に移り住むようになった人たちは、それまで自分を育んできた「生活ことば」を押し隠したり、あるいは忘れようとして「東京語」を使うようになっていった。人によっては、会社など人前では「東京語」を使い、家族の間では「生活ことば」を使うという二重言語状態を作り出していった。「劣位集団の主力部分が、劣等感に負けて上昇志向を強めるとき、優位集団への同化を図る」のである（ましこ・ひでのり『ことばの政治社会学』）。東京で働くようになった民衆の多くが「東京語」を使うことで、「東京人」という優位な立場に立とうとする。

しかし、「標準語」や「標準語に近い東京語」は本来的にそれを「母語」としていない話者にとっては不自然な「ことば」である。身体性や土着性に裏付けられた「生活ことば」ではないから「ことば」として弱い。戦後の産業社会のなかで広がっていった「東京語」は「ビジネス日本語」としては大きな経済効果をもたらした半面で、「人間のことば」として大切なものを失っていったのだ。

高度経済成長のさなかで、日本人の「ことば」の変質と失力を鋭く感じ取っていた者の一人が寺山修司である。寺山は、一九六二（昭和三七）年に次のように詠んだ。

ふるさとの訛りなくせし友といてモカ珈琲はかくまでにがし　（詩集『血と麦』より）

青森から東京に出てきた同級生とひさしぶりに再会したが、その友だちはすでに東京になじんでいて話す「ことば」もすっかり「東京語風」になっている、二人の心にはへだたりが生じている、というほどの意味であろう。ひときわ苦いコーヒーの味と、言いようのない寂寥感が漂っている。人を近付けるはずの「ことば」が、人を遠ざける「ことば」になっているのだ。

寺山は一九六五（昭和四〇）年には『戦後詩』において、戦後詩の衰弱をもたらした原因として、印刷活字の画一性と標準性を指摘した。同時に、「書き言葉」だけでなく「話しことば」においても、「標準語」が「ことば」から身体性・肉声性・生活性をそぎ落としてしまい、情報伝達のためだけの「社会の道具」に堕落してしまっていることを批判したのである。

耳できく「正確な標準語」もまた、活字と同じように社会的なことばである。「正確な標準語」は経済や政治に関するニュースを報道するのには向いているが、「人生を語る」には適していない。標準語の愚痴、標準語の野次というのも稀である。標準化できないような個人的な情念の問題を、標準語で語ろうとするのは何と空しいことだろう。（寺山修司『戦後詩』ちくま文庫）

寺山が言わんとするところは、「標準化された書き言葉や話しことば」は、経済や政治といった広範な社会活動を営むうえでは有効なツールであるが、本来の「人間のことば」としては不自然で脆弱なものである、ということである。

しかし、一九六五年の時点における寺山のこの警鐘に耳を傾ける者は少なかった。なぜなら一般民衆の多くは、経済成長の果実としての大量生産と大量消費がもたらした「一億総中流化」という物質的豊さを味わっている最中だったからである。そして、その経済成長を支える「ことば」についての、【都会のことば＝東京語＝標準語＝良いことば】という価値観は、学校教育と活字メディアと電波メディアによって相変わらず拡大再生産され続けていたからである。

◎公教育の「標準語主義」

それでは公教育は、「ことば」についてどのように価値観を植え付けているのであろうか。それは文部官僚の次の文章を読めばよくわかる。

> 学校教育は、本来の性格上、人為的、計画的な教育である。したがって、そこでの国語教育の対象となる言語は、国民生活の中での規準性・規範性・標準性をもつものであることは当然である。〔中略〕つまり、学校における国語教育の内容として考えられているのは、共通語の教育なのである。（藤原宏・文部省初等中等教育局小学校教育課教科調査官、『標準語と方言』文化庁、強調は引用者）

これは一九七七（昭和五二）年に文化庁から発行された「ことばシリーズ」という冊子のなかの文章で、いささか古く思えるが、文科省の国語教育の基本的な考えは今でもなお変わってはいない。文中で「標準語」と言わず「共通語」と言っているのは、一九四九（昭和二四）年に東大教授の柴田武らの提案で、「標準語」という用語のもつ統制的な意味合いを避けて、もう少し柔らかで緩やかな用語として「共通語」を使うことにしたことに由来している。しかし、「標準語」も「共通語」もいずれも「国が制定した規範的な言語」であることに変わりはなく、どちらも「従うべき、手本となる言語である」と、柴田はしている（柴田武『標準語、共通語、方言』——文化庁『標準語と方言』より）。だから、文部官僚や言語学者がどう言い替えようと、私たち一般民衆は「ことば」を使って暮らしている人間の素直な感覚からして、「規範性をもったことば」のことを「標準語」という単語で現在でもふつうに使っているのである。前述の藤原の文章でも、藤原の意識では「共通語の教育」と「標準語の教育」とを区別していないと思われる。

少し話しが逸れたが、前述の文章に続いて藤原はさらにこう書いている。

学校の国語教育では〔中略〕方言使用能力の計画的向上を図るといったことはしない。方言は、それぞれの地域や地方において自然に使用されており、計画的指導を待つまでもなく、生活に最も密着した言語として既に使用されているからである。（同上、強調は引用者）

この文章の「方言」という部分を、「方言を含んだ生活ことば」と置き替えたら、よくわかるだろう。藤原は、「生活ことば」は人が自然に話していて生活に密着しているものだから、わざわざ学校で教える必要なんてないのだ、と言っているのだ。はたして文部官僚のこの考えは正しいだろうか。自然にしゃべっていて生活に密着しているからこそ、「生活ことば」は人にとって何よりも大事な「ことば」なのではないだろうか。「ことば」についての教育は、少なくともこの原則から出発すべきであろう。人の暮らしにとっては「生活ことば」が何よりも大切であることを認識したうえで、その力を高めつつ、より広い社会で働いて生きてゆくのに必要な生活技術としての「ことば」を教えてゆく、というのが言語教育の本来のあり方ではないのだろうか。

日本の「国語教育」はそうではなかった。そもそも「国語」という考え自体が明治政府によって作られたものであり、「公教育」とは国家によってなされる教育である。そこには当然のこととして、国家としての価値規範と国家としての目的が入っている。明治政府の公教育の目的は、「良き国民の育成」であった。そして戦後日本の公教育の目的は、「良き産業労働者の育成」だった。決して「良き人間の育成」ではない。このことを延長してみたときに、今現在文科省と産業界と英語産業業者が一緒になって進めようとしている「英語教育」なるものの目的と本質は自ずと明らかになるであろう。

◇電波メディアの「標準語主義」

「書き言葉」の「標準語」は、教科書や一般書籍や新聞といった活字メディアによって広められていった。「書き言葉」が「話しことば」に対してもっている抑圧性や、「書き言葉」と「話しことば」の歪んだ関係については第四章で詳しくふれる。ここでは、「話しことば」の「標準語」が、ラジオやテレビでどのように広められ、今も番組制作の現場に受け継がれているのかについて考える。

先述したように、明治政府によって作り出された「標準語」は言語の実態としては存在しないものだった。実態のない「標準語」を一般民衆が実際に耳で聞くことができるようにと、お手本としての「話しことばの標準語」の伝播役を担ったのがＮＨＫのアナウンサーであった。一九二五（大正一四）年にラジオ放送が開始されて以来、民衆はＮＨＫアナウンサーのしゃべる「ことば」が「標準語」なのだ、と思わされてきた。それは今も続いている。民間放送のアナウンサーも『ＮＨＫアナウンス読本』を教本にしてアナウンス技術をみがく。さらには、憧れの女子アナを目指して、アナウンススクールに通う多くの若者たちも『ＮＨＫアナウンス読本』を教科書にして「標準語」を修得しようとする。その際に、教え手から言われるのは、「あなたの訛りを直しなさい、い、い、い」である。そして、晴れてアナウンサーになった人たちが声をそろえて言うのは、「訛りを抜くのが大変でした、身体に沁みついていますからね」である。

ここに現れている「人間としての不自然さ」に気が付かなければならない。

そもそもNHKのアナウンサーが、あるいはNHKアナウンサー第一号だった人が、アナウンサーになる前にはどのような「生活ことば」を話して暮らしていたのか、を考えればわかる。決して「標準語」で生きて暮らしてきたはずがない。母からもらった「母語」を核にして、家庭と地域で育まれた「生活ことば」で生きてきたはずなのだ。つまり、「訛りを直す」必要もないし、「訛りを抜く」ことなどできない。できるのは、「生活ことば」を基本の言語としたうえで、「アナウンス語という職業言語」を後天的に習得することだけである。

人にとっての「ことば」というものの存在形態を、私たちの「ことばを使う暮らし」の実感から素直に考えればわかることである。それを、わかりにくく、見えにくくさせているのが、一〇〇年間にわたって私たち日本人を覆っている「標準語というイデオロギー」なのである。

NHKには一九五九（昭和三四）年に制定された「日本放送協会番組基準」というものがあり、そのなかに「国内番組基準」がある。その、第一一項は「表現」についてである。

日本放送協会番組基準

［国内番組基準］

第1章　放送番組一般の基準
第11項　表現
1　わかりやすい表現を用い、正しいことばの普及につとめる。
2　放送のことばは、原則として、共通語によるものとし、必要により方言を用いる。
3　下品なことばづかいはできるだけ避け、また、卑わいなことばや動作による表現はしない。
4　人心に恐怖や不安または不快の念を起こさせるような表現はしない。
5　残虐な行為や肉体の苦痛を詳細に描写したり、誇大に暗示したりしない。
6　通常知覚できない技法で、潜在意識に働きかける表現はしない。
7　アニメーション等の映像手法による身体への影響に配慮する。
8　放送の内容や表現については、受信者の生活時間との関係を十分に考慮する。
9　ニュース、臨時ニュース、公示事項、気象通報などの放送形式を劇中の効果などに用いるときは、事実と混同されることのないように慎重に取り扱う。

（ＮＨＫホームページ〔http://www.nhk.or.jp/pr/keiei/kijun/index.htm〕より）

細目の二番目に、「放送のことばは、原則として、共通語によるものとし、必要により方言を用いる」と明記されている。この文章は一九九五（平成七）年に改正されるまでは、「放送のことばは、原則として、標準語による。必要により方言を用いるときは、慎重に取り扱う」と書かれていた（強調は引用者）。言い方を替えても「共通語」と「標準語」という用語が、規範性・基準性をもっている、という意味の内実にほとんど変わりがないことは先に述べたとおりである。要するにアナウンサーの話す「ことば」だけでなく、ＮＨＫの番組全体で「標準語」を使うべきである、という考えが書いてある。

　なぜ放送で使う「ことば」が、人にとって自然な「生活ことば」ではダメで、「標準語」でなければならないと考えているのかをもう少し詳細に見てみよう。次にあげるのは、ＮＨＫ総合放送文化研究所の石野博史が書いたものである。石野は、「マスコミは言うまでもなく標準語の使用を原則としている」と言い、その根拠について、

> 伝達内容の中心がニュースである。〔中略〕方言は、地方独特の歴史・風俗・習慣や、個人の日常の細かな感情の起伏などを表現するのには適しているが、ニュース報道の中心をなす政治、経済、文化、科学等々に関する事実や思想を表現するのには適していない。〔中略〕日本の近代化にかかわるほとんどすべてのことが、標準語でしかまかなえなくなっているという現実がある。
> （『標準語と方言』文化庁・所収「マスコミと標準語・方言」より、強調は引用者）

と言う。

　はたしてそうであろうか。近代化にかかわること、近代的なこと、は「近代的な標準語」でしか語

れないのだろうか。だとするならば、今も日本の全国で「方言」で暮らしている人たちの生活は「近代化されていない」ということになる。そうではないだろう。「方言まじりの生活ことば」で私たちが家庭の食卓で話しているのは、現代の政治や経済や文化や科学のことについてであろう。

井上ひさしは次のように言っている、

> どんなにむつかしいことを言うのでも、方言で絶対できるはずです。論理的にむつかしいことでもすべて方言でできないわけはないと思います。

平田オリザも次のように言っている、

> 思弁というか、テーマの中に作者が真実とか美とかという、自分の身体から離れた「哲学」をでっちあげているから、架空の標準語じゃないとしゃべれないんであって、本当にそれが人間の身体から出てくるものであれば、それは、その人がいちばん得意としている言葉で書けるんじゃないか。（井上ひさし・平田オリザ『話し言葉の日本語』小学館）

政治も経済も科学も、すべて私たちの生活から発しており生活に帰着するものである。方言を含んだ「生活ことば」で語れないものなどない。

石野に代表される、電波メディアの「標準語主義」は、「標準語」というまさしく近代的なイデオロギーに無邪気に染められた誤りの言語観である。イデオロギーはつねに根拠のない新たな価値規範を産もうとする。石野の記述はこう続いている。

マスコミで用いられる言葉が公共の場での言葉、「広場の言葉」としての標準語であるべきことは、いわば自明の理ということになる。それもただ標準語でありさえすればよいというのではなく、「正しい、美しい日本語」でなければならない。（同上、強調は引用者）

この文章は一九七七（昭和五二）年の文章であるが、この考えがそれ以降もNHKで継承されていることは、次の発言からわかる。

NHKには正しい日本語というものを時代のなかで守っていく役割があります。（中田薫・NHK放送総局アナウンス室長、『放送文化』より、一九九八年）

さらに、NHKアナウンサーで後進の指導役を勤めた加藤昌男は、「放送で使われることばには公共性と品位が求められる」と言い、現在のテレビには「日常の雑多なことば」や「猥雑なことば」が飛び交っている、と言っている（加藤昌男『テレビの日本語』岩波新書、二〇一二年）。

NHKは「ことば」の審美機関なのであろうか。そもそも、「ことば」の「正しさ」とか「美しさ」とは何であり、「品位」は、誰が判断するのであろうか。

私たちは日常生活で発語するときに、自分の話す「ことば」が「正しいかどうか」や「美しいかどうか」などを考えて発語はしない。私たち一般民衆が生活の場で「ことば」を使う際に考えることは、それが「ことば」としての用をなしているかどうか、だけである。自分の「言いたい気持ち」と「言いたいこと」が、他者にしっかりと伝わるかどうか、だけが問題なのである。

「ことば」にとって何よりも大切な判断基準は、「ことば」本来の機能である「情緒の交換にもとづく情報の伝達」の度合いではないだろうか。つまるところ「ことば」の強さが問題なのではないだろうか。

「ことば」は、学者や官僚や文化人の専有物ではない。「ことば」は、「ことば」を使って日々の暮らしを営む一般民衆のものである。

◎一九七〇年代は「テレビの東京一極集中」が進行した時代

五〇年代半ばから始まり、六〇年代、七〇年代にかけて進んでいった経済成長は大量生産と大量消費による「物質的に豊かな生活」を生み出したが、それは同時に日本全国の生活における「均質化と標準化」をもたらした。産業構造における「東京一極集中」が、産業社会で働いて生きるための生活技術としての【標準語＝標準語近似値としての東京語】を優越的な地位に上げてしまった。

「ことば」の現れとして、その動きを広めたのが公教育であり、メディアであった、ということを前項で述べた。次に、一九七〇年代はテレビメディア自身の「東京一極集中」の時代であった、ということを解析してゆきたい。

現在でもそうであるが、新聞やテレビは「東京一極集中」を批判して、「地方分権」や「地方創生」を唱えているが、自分たちメディア自身の「東京一極集中」については語らない。他の産業と同じように、あるいはそれ以上に、メディアは「東京一極集中」しているのにである。特に、七〇年代はテレビメディアの東京への集中が著しく進んだ時代だった。

日本全国にあるテレビ局は、本来は各社が独立した株式会社であるが、その成立において有力新聞社と地元産業資本との提携連合によって誕生したという経緯がある。また、テレビ局はニュース情報収集力の多くを新聞社に頼っており、報道機関として新聞社との提携なくしては存立が難しい、という構造をもっている。それでも、一九六〇年代までは、各テレビ局の独立性がかなりあり、テレビ局間のネットワーク関係はまだゆるやかなものだったのだが、七〇年代に入ると全国のテレビ局の系列化が強く押し進められるようになった。その理由は、一九六〇（昭和三五）年の皇太子ご成婚をきっかけとしたテレビ受像機の急速な全国普及によって、テレビビジネスが「とても儲かる新しいメディア」に成長したことによる。それまで日本においてメディアの王座を占めていた新聞社が、テレビ産業の経営に本腰を入れて力を注ぐようになったのである。

こうして、一九六〇年代から七〇年代にかけて、日本全国で多数の地方テレビ局が生まれると同時に、主要新聞社と東京キー局の相互連携が強化されるようになり、全国各地のテレビ局は東京キー局の系列局として拘束組織化されていった。テレビの全国ネットワーク体制の整備確立である。

ＮＨＫは独自のネットワーク体制を敷いて、独自のニュース取材力をもっている。ＮＨＫ以外の民放は系列ネットワークのなかに必ず組み入れられていった。

ＮＮＮ、ＪＮＮなどの「ＮＮ」とはＮＥＷＳ・ＮＥＴＷＯＲＫの頭文字である。

それまで各地方局は比較的ゆるやかな縛りで、東京キー局や大阪準キー局の制作番組を受けて放送していたのだが、このネットワーク強化以降はニュースの収集と配信だけでなく、ドラマやバラエティ番組やスポーツ番組といった番組全体が各ネットワーク内での専属配信（フルネット）となっていった。一般の産業だけでなく、メディアそのものが「東京一極集中」を図ったのである。

◎テレビのなかの「標準語＝東京語」化の進行

かつては、大阪や名古屋や福岡など、東京以外のテレビ局でも多くのテレビ番組が制作され全国発信されていたのだが、全国ネットワークの確立と並行して番組制作の場所も東京へ転移し集中していった。それは「テレビ産業」として、商品生産と営業販売と利益集積は集中しているほど効率が良くなる、という経済効率主義の帰結だった。その結果として、全国ネットのテレビ番組のほとんどは東京で制作され、ドラマのほとんどは東京を舞台にしたものとなり、テレビから流れてくる「ことば」の多くが「標準語＝東京語」になってしまったのである。

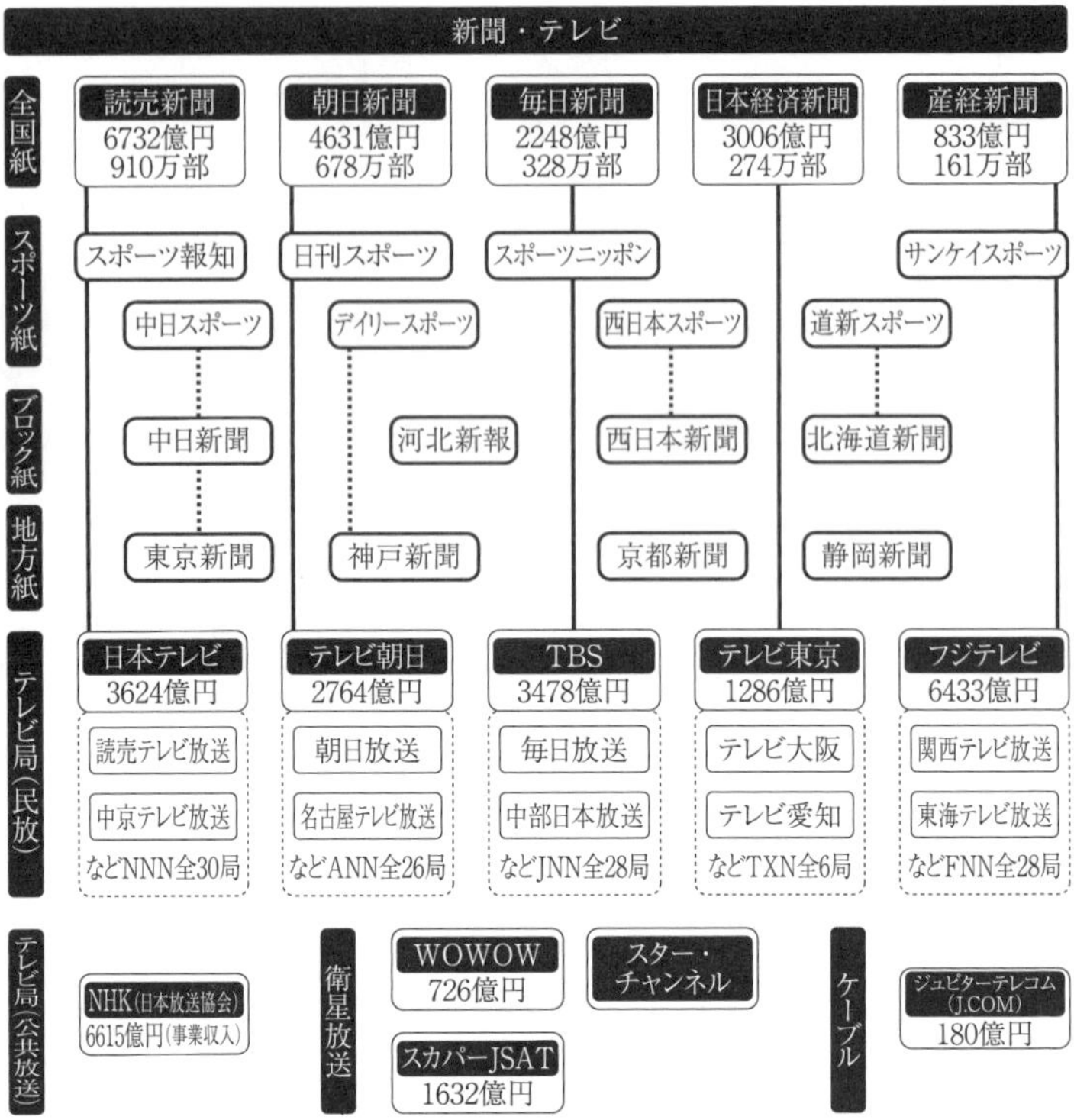

図 1-1　新聞・テレビ系列表

出所）『日本の優良企業パーフェクトブック2017年度版』（日本経済新聞出版社、2015年）。

	JNN（28社）	NNN（30社）	FNN（28社）	ANN（26社）	TXN（6社）	独立協（13社）
北海道	北海道放送HBC	札幌テレビ放送STV	北海道文化放送UHB	北海道テレビ放送HTB	テレビ北海道TVH	
青森	青森テレビATV	青森放送RAB		青森朝日放送ABA		
岩手	岩手放送IBC	テレビ岩手TVI	岩手めんこいテレビMIT	岩手朝日テレビIAT		
宮城	東北放送TBC	宮城テレビ放送MMT	仙台放送	東日本放送KHB		
秋田		秋田放送ABS	秋田テレビAKT	秋田朝日放送AAB		
山形	テレビユー山形TUY	山形放送YBC	さくらんぼテレビジョンSAY	山形テレビYTS		
福島	テレビユー福島TUF	福島中央テレビFCT	福島テレビFTV	福島放送KFB		
東京	TBSテレビTBS	日本テレビ放送網NTV	フジテレビジョン	テレビ朝日	テレビ東京	東京メトロポリタンテレビジョンTOKYOMX
群馬						群馬テレビGTV
栃木						とちぎテレビGYT
茨城						
埼玉						テレビ埼玉TVS
千葉						千葉テレビ放送CTC
神奈川						テレビ神奈川tvk
新潟	新潟放送BSN	テレビ新潟放送網TeNY	新潟総合テレビNST	新潟テレビ21 UX		
長野	信越放送SBC	テレビ信州TSB	長野放送NBS	長野朝日放送ABN		
山梨	テレビ山梨UTY	山梨放送YBS				
静岡	静岡放送SBS	静岡第一テレビSDT	テレビ静岡SUT	静岡朝日テレビSATV		
富山	チューリップテレビTUT	北日本放送KNB	富山テレビ放送BBT			
石川	北陸放送MRO	テレビ金沢KTK	石川テレビ放送ITC	北陸朝日放送HAB		
福井		福井放送FBC	福井テレビジョン放送FTB	福井放送FBC		
愛知	CBCテレビ	中京テレビ放送CTV	東海テレビ放送THK	名古屋テレビ放送	テレビ愛知TVA	
岐阜						岐阜放送GBS
三重						三重テレビ放送MTV
大阪	毎日放送MBS	読売テレビ放送YTV	関西テレビ放送KTV	朝日放送ABC	テレビ大阪TVO	
滋賀						びわ湖放送BBC
京都						京都放送KBS
奈良						奈良テレビ放送TVN
兵庫						サンテレビジョンSUN
和歌山						テレビ和歌山WTV
鳥取	山陰放送BSS	日本海テレビ放送NKT				
島根			山陰中央テレビTSK			
岡山	山陽放送RSK		岡山放送OHK		テレビせとうちTSC	
香川		西日本放送RNC		瀬戸内海放送KSB		
徳島		四国放送JRT				
愛媛	あいテレビITV	南海放送RNB	テレビ愛媛EBC	愛媛朝日テレビEAT		
高知	テレビ高知KUTV	高知放送RKC	高知さんさんテレビKSS			
広島	中国放送RCC	広島テレビ放送HTV	テレビ新広島TSS	広島ホームテレビHOME		
山口	テレビ山口TYS	山口放送KRY		山口朝日放送YAB		
福岡	RKB毎日放送RKB	福岡放送FBS	テレビ西日本TNC	九州朝日放送KBC	TVQ九州放送TVQ	
佐賀			サガテレビSTS			
長崎	長崎放送NBC	長崎国際テレビNIB	テレビ長崎KTN	長崎文化放送NCC		
熊本	熊本放送RKK	熊本県民テレビKKT	テレビ熊本TKU	熊本朝日放送KAB		
大分	大分放送OBS	テレビ大分TOS	テレビ大分TOS	大分朝日放送OAB		
宮崎	宮崎放送MRT	テレビ宮崎UMK	テレビ宮崎UMK	テレビ宮崎UMK		
鹿児島	南日本放送MBC	鹿児島讀賣テレビKYT	鹿児島テレビ放送KTS	鹿児島放送KKB		
沖縄	琉球放送RBC		沖縄テレビ放送OTV	琉球朝日放送QAB		

白抜き文字の局は、クロスネット社です。

衛星放送は除く

図 1-2　テレビネットワーク表

出所）一般社団法人日本民間放送連盟「テレビネットワーク」（https://www.j-ba.or.jp/network/tv.html〔2017年３月27日閲覧〕）。

	1 NHKテレビ	3 NHK教育テレビ	4 日本テレビ	6 TBSテレビ	8 フジテレビ	10 テレビ朝日	東京12チャンネル
6	00 レッツゴーヤング 山口百恵 原田真二 石野真子 石原裕ほか 40 うた◇ガイド◇50N天	00 サラリーマンライフ ▽男・45歳曲がり角 ▽生命保険に入るとき 45 アメリカのろう者劇団	00 日曜夕刊 本多当一郎（二カ国語）◇20N天 30 立体アニメ・家なき子 純「新たな旅立ち」	6.25 ガイド 30 ニュースコープ 入江徳郎◇番組◇55天	00 再科学忍者隊ガッチャマンII 総裁Xの逆襲 30 サザエさん「きょうは放送10年目の日」ほか	00 こちらデスク「巨人優勝あと3年はない！」 30 三枝の国盗りゲーム 司会・桂三枝	00 サッカー '78ワールドカップ アルゼンチン×フランス◇天◇案内 55 各駅停車世界の旅
7	00 N◇16天 20 お笑いオンステージ てんぷく笑劇場「純情・権町ブルース」ケーシー高峰 ダークダックス▽減点ファミリー	00 セサミストリート再 ▽グローバーのおとぎ話▽オスカーの"カンがない"▽カーミットのニュース中継"アラジンのランプ"ほか	00 再びっくり日本新記録「デッドヒート！国際うしろ向きマラソン」 30 すばらしい世界旅行 肉食獣の一生・誕生からエモノを襲うまで	00 アップダウンクイズ「15周年記念特集・全国決勝大会」小池清ほか 30 欽ちゃんのこれが一番▽ブルース・リー甦る!!▽失恋詩人▽角川博	00 SF西遊記・スタージンガー「出撃！ギンギンマン軍団」 30 ペリーヌ物語「バロンの災難」声鶴ひろみ 巌金四郎	00 メロディー・アタック「全国姉妹大会」押阪忍 岡田奈々ほか 30 '78男子バレーボール世界選手権 ▽決勝トーナメント第1戦「イタリア×キューバ」▽順位決定戦「日本×東ドイツ」（衛星録画）解説・松平康隆◇8.54N	00 ヤンヤン歌うスタジオ「爆笑ピンクレディー秀樹・郁恵の時代劇」山口百恵 野口五郎 桜田淳子 渡辺真知子 54 再素敵な女たち
8	00 黄金の日日「偽国使」市川染五郎 栗原小巻 緒形拳 近藤正臣 根津甚八ほか◇45名曲（ステレオ放送） 50 ドラマ人間模様「赤サギ」森繁久弥 桃井かおり 篠ひろ子 赤塚真人 三上寛 殿山泰司 夏川静枝ほか	00 日曜美術館再 ▽日本伝統工芸展 岡田譲 多田美波 ▽今週のギャラリー・ヨーロッパの風景画展 千足伸行	00 再西遊記「石猿誕生す」佐々木守脚本 堺正章 西田敏行 岸部シロー 夏目雅子 54 N（二カ国語放送）	00 日曜・特バン「輝け!!TV怪獣SF映画25年」ゴジラ・ラドン・モスラ▽ウルトラマンシリーズ▽ウルトラQほか怪獣SF大集合◇N	00 オールスター家族対抗歌合戦「グランドチャンピオン大会」吉幾三 加藤登紀子 辻佳紀 松本ちえこ 林家三平 司会・萩本欽一◇54N		00 日曜ビッグスペシャル「おめでとう・北の湖 一億円の結婚式」豪華絢爛披露宴のすべて▽今明かす横綱のプロポーズの決め技▽独占初公開・二人のスイートホーム▽新婦とみ子さんの美しき素顔▽北の湖横綱への歩みほか
9	9.35 NHKの窓「地元協力で災害放送」◇45N天	00 NHK劇場 ▽歌劇 ペルゴレージ「奥様になった女中」常森寿子 栗林義信 佐藤博▽バレエ「ライモンダ」森下洋子 清水哲太郎 松山樹子ほか ▽バレエ「祇園祭」安達悦子 外崎芳昭 ▽バレエ「小刀会」小沢佳世 田中俊行	00 桃太郎侍「呑んべえ芸者騒動記」高橋英樹 野川由美子 山城新伍 亀石征一郎 浜木綿子 遠藤太津朗 谷村昌彦 54 N（二カ国語放送）	00 日曜劇場「下町のひと」若尾文子 山本学 松村達雄 宝生あやこ 近藤洋介 三崎千恵子 山本かほるほか◇55天	00 ああ、お父ちゃん爺（芸術祭参加作品）藤田まこと 宮城夏穂 森川誠 小沢栄太郎 坪田直子 北村和夫ほか 54 竜崎勝のくいしん坊！	00 日曜洋画劇場「鮮烈！怒りの銃撃・青春を賭けた復讐 サマータイム・キラー」（1972年スペイン・伊・仏合作）アントニオ・イサシ監督 クリス・ミッチャム オリビア・ハッシーほか 声坂東正之助 鷲尾真知子 解説・淀川長治	9.48 顔 太田幸司 54 すばらしい味の世界
10	00 視点「ドルは甦るか」嶋沢宏英 広瀬嘉夫 30 門司桟橋通り◇40名曲（ステレオ放送） 45 スポーツアワー	10.30 若い広場 ぼくたちにとっての土着 一宮道広ほか▽若者紳士録 蒲池真照▽マイブック 池田満寿夫	00 知られざる世界 殺人兵器からガン治療まで・レーザー光線の秘密 30 地上最強の美女たち チャーリーズ・エンジェル（二カ国語放送）	00 すばらしき仲間「ヒット曲秘話」服部良一 高峰三枝子 都倉俊一 30 再もうひとつの旅「音楽の孤島・スコットランド」團伊玖磨	00 ラブラブショー「母が大賛成！熱い交際を宣言!!」アグネス・チャン 沖雅也ほか 30 パンチDEデート「夢は空に愛は地上に！」	10.54 世界あの店この店	00 再演歌の花道「東京砂漠の夜に咲く花と蝶」青江三奈 八代亜紀 30 再ドキュメント競馬「馬と人の祭り」レポーター・穂積隆信
11	00 N◇10ローカルN天	11.30 あすの経営・商店経営園「業態転換・転換後の運営」河村嘉一郎	24 夫婦◇30出来事（二カ国語）◇40スポーツN 45 ドキュメント'78「錆びついた鉄の町・釜石からの報告」 0.15 天◇20巨人軍ハイライト◇シネバラエティ	00 サウンド・イン"S" 松崎しげる 伊東ゆかり 猪俣猛ほか 30 N◇35スポーツデスク 50 これが世界だ映画 0.20 ソウルトレイン'78 0.50 入試の英文法	00 おもろい夫婦「ボロ小屋でも我が家は楽し」 30 Nレポート◇中央競馬 0.00 プロ野球N「広島×大洋」◇35洋画の窓 0.40 中ソ対立と日本の防衛 0.55 映画「マウス」◇天	00 再日本マッチプレーゴルフ選手権「ビバ！ゴルフ楽しきかなマッチプレー」ミッキー安川◇30家庭 35 アートレポート 50 N◇0.00スポーツN	00 N◇05映画「戦略空軍命令」（55年米）ジェームズ・スチュアート ジューン・アリソンほか 0.30 映画の部屋◇45案内 0.50 再ドクター・ウェルビー◇1.50歌謡曲

図 1-3　1978年時のテレビ番組表・日曜の夜

出所）『朝日新聞』1978年10月１日。

例として、一九七八年のテレビ番組表をあげてみる。夜の七時台、八時台、九時台、一〇時台のいわゆるゴールデン・プライムの時間帯の番組は、主にドラマ・歌番組・スポーツ番組で埋まっている。それらの番組は東京で制作されて東京から全国ネットで配信された。そしてそれらの番組で「話されていたことば」は多くが「標準語＝東京語」であった。それを話していた出演者は、アナウンサー・俳優・歌手たちであった。

そのような言語状況のなかで「標準語＝東京語」以外の「ことば」を使っていた番組も少ないながらあった。一九七〇年代から八〇年代のテレビ番組で、「標準語＝東京語」以外の各地の「生活ことば」が使われていた番組を思い出してみよう。

・**ドラマ『細うで繁盛記』**（一九七〇～七一年）よみうりテレビ制作

大阪生まれの女主人公・加代（新珠三千代）が、伊豆・

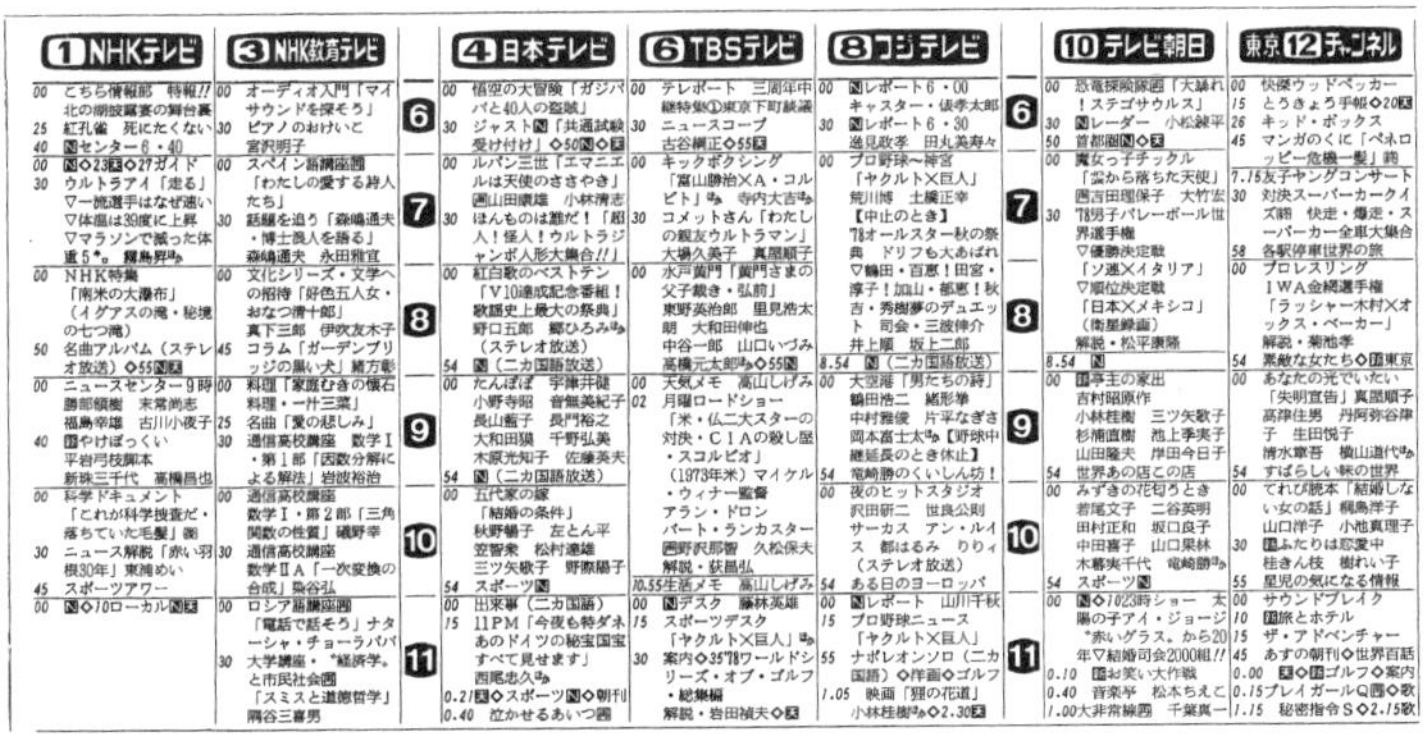

	1 NHKテレビ	3 NHK教育テレビ	4 日本テレビ	6 TBSテレビ	8 フジテレビ	10 テレビ朝日	東京12チャンネル
6	00 こちら情報部　特報!! 北の[illegible]の舞台裏 25 紅孔雀　死にたくない 40 Nセンター6・40	00 オーディオ入門「マイサウンドを探そう」 30 ピアノのおけいこ　宮沢明子	00 悟空の大冒険「ガジパパと40人の盗賊」 30 ジャストN「共通試験受け付け」◇50N◇天	00 テレポート　三周年中継特集①東京下町銭湯 30 ニュースコープ　古谷綱正◇55天	00 Nレポート6・00　キャスター・俵孝太郎 30 Nレポート6・30　逸見政孝　田丸美寿々	00 恐竜探険隊画「大暴れ！ステゴサウルス」 30 Nレーダー　小松錬平 50 首都圏N◇天	00 快傑ウッドペッカー 15 とうきょう手帳◇20天 26 キッド・ボックス 45 マンガのくに「ペネロッピー危機一髪」終
7	00 N◇23天◇27ガイド 30 ウルトラアイ「走る」▽一流選手はなぜ速い▽体温は39度に上昇▽マラソンで減った体重5㌔　鶴島昇ほか	00 スペイン語講座画「わたしの愛する詩人たち」 30 話題を追う「森嶋通夫・博士異人を語る」森嶋通夫　永田雅宜	00 ルパン三世「エマニエルは天使のささやき」画山田康雄　小林清志 30 ほんものは誰だ！「超人！怪人！ウルトラジャンボ人形大集合!!」	00 キックボクシング「富山勝治×A・コルビト」ほか　寺内大吉ほか 30 コメットさん「わたしの親友ウルトラマン」大場久美子　真屋順子	00 プロ野球〜神宮「ヤクルト×巨人」荒川博　土橋正幸【中止のとき】'78オールスター秋の祭典　ドリフも大あばれ▽鶴田・百恵！田宮・淳子！加山・郁恵！秋吉・秀樹夢のデュエット　司会・三波伸介　井上順　坂上二郎	00 魔女っ子チックル「雲から落ちた天使」画吉田理保子　大竹宏 30 '78男子バレーボール世界選手権▽優勝決定戦「ソ連×イタリア」▽順位決定戦「日本×メキシコ」（衛星録画）解説・松平康隆	7.15 友子ヤングコンサート 30 対決スーパーカークイズ終　快走・爆走・スーパーカー全車大集合 58 各駅停車世界の旅
8	00 NHK特集「南米の大瀑布」（イグアスの滝・秘境の七つ滝） 50 名曲アルバム（ステレオ放送）◇55N天	00 文化シリーズ・文学への招待「好色五人女・おなつ清十郎」真下三郎　伊吹友木子 45 コラム「ガーデンブリッジの黒い犬」緒方彰	00 紅白歌のベストテン「V10達成記念番組！歌謡史上最大の祭典」野口五郎　郷ひろみほか（ステレオ放送） 54 N（二カ国語放送）	00 水戸黄門「黄門さまの父子裁き・弘前」東野英治郎　里見浩太朗　大和田伸也　中谷一郎　山口いづみ　高橋元太郎ほか◇55N	8.54 N（二カ国語放送）	8.54 N	00 プロレスリング　IWA金網選手権「ラッシャー木村×オックス・ベーカー」解説・菊池孝 54 素敵な女たち◇新東京
9	00 ニュースセンター9時　勝部領樹　末常尚志　福島幸雄　古川小夜子 40 劇やけぼっくい　平岩弓枝脚本　新珠三千代　高橋昌也	00 料理「家庭むきの懐石料理・一汁三菜」 25 名曲「愛の悲しみ」 30 通信高校講座　数学I・第1部「因数分解による解法」岩波裕治	00 たんぽぽ　宇津井健　小野寺昭　音無美紀子　長山藍子　長門裕之　大和田獏　千野弘美　木原光知子　佐藤英夫 54 N（二カ国語放送）	00 天気メモ　高山しげみ 02 月曜ロードショー「米・仏二大スターの対決・CIAの殺し屋・スコルピオ」（1973年米）マイケル・ウィナー監督　アラン・ドロン　バート・ランカスター　画野沢那智　久松保夫　解説・荻昌弘	00 大空港「男たちの詩」鶴田浩二　緒形拳　中村雅俊　片平なぎさ　岡本富士太ほか【野球中継延長のとき休止】 54 竜崎勝のくいしん坊！	00 新亭主の家出　吉村昭原作　小林桂樹　三ツ矢歌子　杉浦直樹　池上季実子　山田隆夫　岸田今日子 54 世界あの店この店	00 あなたの光でいたい「失明宣告」真屋順子　高津住男　丹阿弥谷津子　生田悦子　清水章吾　横山道代ほか 54 すばらしい味の世界
10	00 科学ドキュメント「これが科学捜査だ・落ちていた毛髪」終 30 ニュース解説「赤い羽根30年」東浦めい 45 スポーツアワー	00 通信高校講座　数学I・第2部「三角関数の性質」磯野幸 30 通信高校講座　数学IIA「一次変換の合成」染谷弘	00 五代家の嫁「結婚の条件」秋野暢子　左とん平　笠智衆　松村達雄　三ツ矢歌子　野際陽子 54 スポーツN	10.55 生活メモ　高山しげみ	00 夜のヒットスタジオ　沢田研二　世良公則　サーカス　アン・ルイス　都はるみ　りりィ（ステレオ放送） 54 ある日のヨーロッパ	00 みずきの花匂うとき　若尾文子　二谷英明　田村正和　坂口良子　中田喜子　山口果林　木暮実千代　竜崎勝ほか 54 スポーツN	00 てれび読本「結婚しない女の話」桐島洋子　山口洋子　小池真理子 30 新ふたりは恋愛中　桂きん枝　樹れい子 55 星児の気になる情報
11	00 N◇10ローカルN天	00 ロシア語講座画「電話で話そう」ナターシャ・チョーラパパ 30 大学講座・"経済学"と市民社会画「スミスと道徳哲学」隅谷三喜男	00 出来事（二カ国語） 15 11PM「今夜も特ダネあのドイツの秘宝国宝すべて見せます」西尾忠久ほか 0.21 天◇スポーツN◇朝刊 0.40 泣かせるあいつ画	00 Nデスク　藤林英雄 15 スポーツデスク「ヤクルト×巨人」ほか 30 案内◇35'78ワールドシリーズ・オブ・ゴルフ・総集編　解説・岩田禎夫◇天	00 Nレポート　山川千秋 15 プロ野球ニュース「ヤクルト×巨人」 55 ナポレオンソロ（二カ国語）◇洋画◇ゴルフ 1.05 映画「狸の花道」小林桂樹ほか◇2.30天	00 N◇10 23時ショー　太陽の子アイ・ジョージ"赤いグラス"から20年▽結婚司会2000組!! 0.10 新お笑い大作戦 0.40 音楽夢　松本ちえこ 1.00 大非常線画　千葉真一	00 サウンドブレイク 10 新旅とホテル 15 ザ・アドベンチャー 45 あすの朝刊◇世界百話 0.00 天◇新ゴルフ◇案内 0.15 プレイガールQ画◇歌 1.15 秘密指令S◇2.15歌

図 1-4　1978年時のテレビ番組表・平日の夜

出所）『朝日新聞』1978年10月２日。

熱川《あたがわ》温泉の老舗旅館に嫁いで旅館を盛りたてていく物語。嫁ぎ先の小姑・正子（富士真奈美）がしゃべる「加代、おみゃーの言うとおりにゃ　させにゃぁで」などの静岡弁が有名になった。

・**ドラマ『どてらい男《やつ》』**（一九七三〜七七年）関西テレビ制作

福井出身の主人公・山下猛造（モーやん、西郷輝彦）が、大阪の工具問屋に丁稚奉公に入り、主人や番頭にいじめられながらも商人に成長してゆく物語。タイトルの「どてらい」は紀州弁であり、物語は全編大阪弁で展開された。

これら、大阪の民放局による大阪制作の全国ネットのドラマは、七〇年代後半には消えた。

・**ドラマ『東芝日曜劇場』**（一九五六〜九三年）ＴＢＳ系列局制作

ＮＨＫの連続テレビ小説（朝ドラ）と並んで日本を代表

するドラマ枠であった。放送開始時から一話完結のドラマ形式で、TBS・東京放送を主幹局としながらHBC（北海道放送）・CBC（中部日本放送）・MBS（毎日放送――ネットチェンジ前はABC朝日放送）・RKB（RKB毎日放送）のJNN基幹局五社が持ち回りで制作していた。一九九三年まではこの形式で続けられた。

各局はそれぞれの地元を舞台にしたドラマを制作し、時代設定も放送と同時代にした作品が多く、そのなかでは各地の「生活ことば」が話された。ここからテレビ史に残る多くの秀作が生まれた。

・ドラマ　NHKの連続テレビ小説、「朝ドラ」

一九七五（昭和五〇）年以降は、春・夏期をNHK東京が制作し、秋・冬期をNHK大阪が制作するようになり、ドラマの舞台もそれぞれ東日本と西日本が選ばれるようになっていった。そのなかではある程度は標準語化されながらも各地の「生活ことば」が使われた。代表的なものとして、『風見鶏』（一九七七年後期）が、神戸を舞台にし、『おしん』（一九八三年・通年）は、山形を舞台にした。

朝ドラは戦中戦後の混乱を逞しく生き抜いた女性の一代記を基本としており、主人公は地方の田舎から東京か大阪かの都会に出てゆくという設定が多く、そのため「田舎のことば」と「都会のことば」との対比が必ずある。ただ、ドラマのなかの「ことば」は俳優の台詞として「話されている」もので、「生活ことば」そのものではない。また多くの場合に、「田舎のことば」は誇張されたり、標準語風に修正されたりして使われており「生活ことば」そのものではない点に留意する必要がある。ドラマのなかの「ことば」については第三章であらためて述べる。この意味で、自然な「生活ことば」が使われていたテレビ番組としてはドラマ以外の番組を見たほうがいいだろう。

コメディでは、テレビ放送草創期に、

『やりくりアパート』（一九五八～六〇年）大阪テレビ放送ＡＢＣ

『番頭はんと丁稚どん』（一九五九～六一年）ＭＢＳ毎日放送

『てなもんや三度笠』（一九六二～六八年）ＡＢＣ朝日放送

などで関西弁が使われていたが、これらの番組は七〇年以前に消えていった。

視聴者参加番組では、

『夫婦善哉』（一九五五～七五年）ＡＢＣ朝日放送、を原点として、

『プロポーズ大作戦』（一九七三～八五年）ＡＢＣ朝日放送

『パンチＤＥデート』（一九七三～八四年）ＫＴＶ関西テレビ

などがあった。

バラエティで七〇年代、八〇年代を代表したのは萩本欽一である。『欽ちゃんのドンとやってみよう』（フジテレビ、一九七五年～）、『欽ちゃんのどこまでやるの』（テレビ朝日、一九七六年～）などの番組で、素人出場者の思わぬ反応として出てくる「生活ことば」を使って新しいバラエティ番組の形を作り出していった。

萩本欽一の手法は「素人いじり」と称され、以降のテレビにおける演出方法にも大きな影響を与えてゆくのだが、「標準語＝東京語」と「生活ことば」という視点から考えるときに見逃してはならない点がある。それは、萩本バラエティにおいてはあくまで番組全体としては「標準語＝東京語」の使用が前提としてあって、素人のしゃべる「生活ことば」は、その前提のもとに成り立つ「異和への笑い」として措定されていた、ということである。それは、NHKのアナウンサーである宮田輝が「のど自慢」において、番組のはじめには「おばんでやす」と言って笑いを獲りながら番組全体ではアナウンサー標準語で話していた、ということと同様の構造である。ここに民衆の多くが無邪気に「標準語＝東京語」に迎合していた七〇年代、八〇年代という時代的な制約があった。

このように見てくると、七〇年代に入ってもテレビのなかで「生活ことば」は少なからず使われていたように見えるが、テレビ番組全体での比率からすればごくわずかである。テレビ番組全体で使われている「ことば」として捉えれば、七〇年代・八〇年代とは、ニュース番組・情報番組・スポーツ番組・ドラマ・歌番組・バラエティといったテレビ番組の全体で「標準語＝東京語」が大きく広められていった時代だと言える。

ここで、テレビメディアの「東京一極集中」の社会的背景をもう少し見ておく。それは首都圏人口の急激な増加の様子である。産業としてのテレビメディアが「東京一極集中」を強めた背後には、経済成長論理の帰結としての首都圏人口の急激な増加という現象があった。その数を比較してみよう。

首都圏人口は、高度経済成長以前の一九五〇（昭和二五）年に一三〇〇万人（全人口の一五％）だっ

年	全国人口（A）	増減率（%）	首都圏人口（B）	増減率	構成比（B/A）
1950	84,114,574		13,050,647		15.5%
60	94,301,623	12.1	17,863,859	36.9	18.9%
70	104,665,171	11.0	24,113,414	35.0	23.0%
80	117,060,396	11.8	28,698,533	19.0	24.5%
90	123,611,167	5.6	31,796,702	10.8	25.7%
2000	126,925,843	2.7	33,418,366	5.1	26.3%
01	127,316,043	(0.3)	33,687,162	0.8	26.5%
02	127,485,823	(0.1)	33,904,514	0.6	26.6%
03	127,694,277	(0.2)	34,147,519	0.7	26.7%
04	127,786,988	(0.1)	34,327,612	0.5	26.9%
05	127,767,994	(△0.0)	34,478,903	0.4	27.0%
06	127,770,000	(0.0)	34,634,000	0.4	27.1%
07	127,771,000	(0.0)	34,826,000	0.6	27.3%
08	127,692,000	(△0.1)	34,990,000	0.5	27.4%
09	127,510,000	(△0.1)	35,080,000	0.3	27.5%
10	128,057,352	0.9 (0.4)	35,618,564	1.5	27.8%

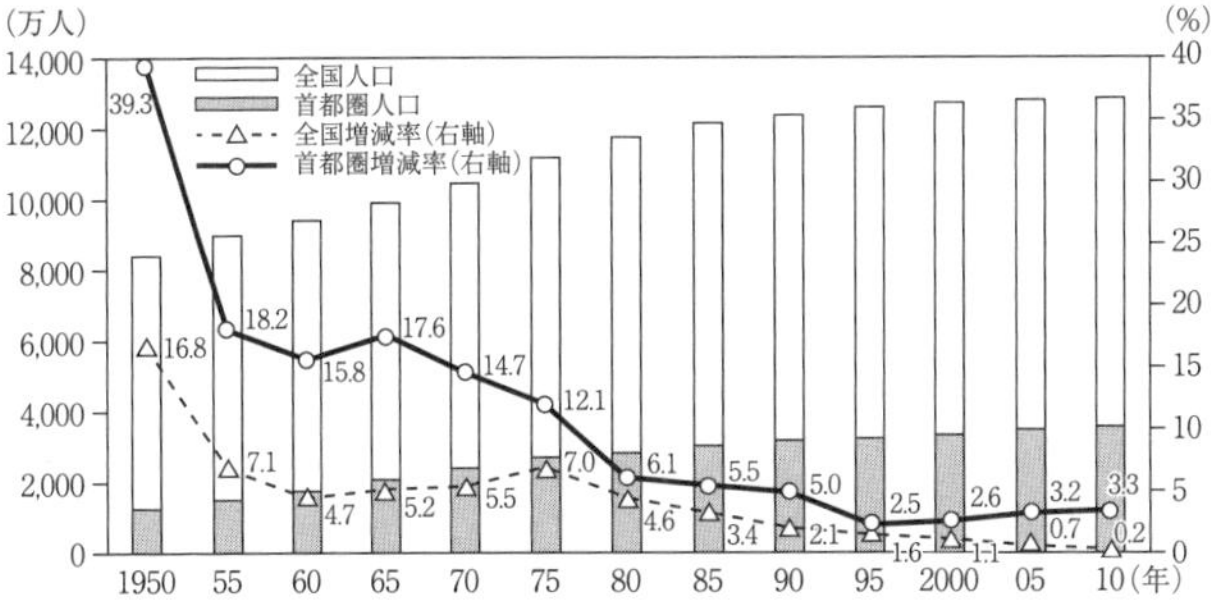

図 1-5　戦後の首都圏人口の推移

出所）内閣府「補論1.1戦後の首都圏人口の推移」(http://www5.cao.go.jp/j-j/cr/cr11/chr11040101.html〔2017年3月27日閲覧〕)。

たのが、一九六〇（昭和三五）年に一八〇〇万人（全人口の一九％）になり、一九七〇（昭和四五）年に二四〇〇万人（全人口の二三％）になり、一九八〇（昭和五五）年に二九〇〇万人（全人口の二五％）になり、一九九〇（平成二）年には三二〇〇万人（全人口の二六％）になった。その後の低成長時代には微増となったが今や首都圏人口は、二〇一五（平成二七）年で三六〇〇万人（全人口の二八％）になっている。

テレビ産業は、広告収入によるビジネスであり、広告主にすれば首都圏が最大の消費地である。広告主からの宣伝広告費を各局に配分査定するための基準が視聴率であるならば、各局が首都圏人口を主な対象として番組作りをするのは当然とも言えるだろう。この首都圏で暮らす視聴者たちの多くは、日本全国の各地方から首都圏にやってきて、都市での経済生活になじむために「標準語＝東京語」への同化を図ることによって、懸命に「東京人」になろうとした人たちであった。

もう一つ忘れてならない大きな要素は、テレビ番組を作るテレビマン――テレビ局の社員・制作会社の社員・広告代理店の社員――の多くも、地方の田舎から東京に出てきて「標準語＝東京語」を使うことによって社会的上昇を図ろうとしている人間たちであった、ということである。

こうした理由の複合の結果、大阪準キー局がもっていた全国ネット枠も、あるいは東芝日曜劇場のように地方局がもっていたネット制作枠も、東京キー局の制作枠へと収斂していった。かつては東京だけでなく、大阪や名古屋や福岡という地区での視聴率も大きな要素を占めていたのが、やがて視聴率は関東地区のものだけが有効視されるようになっていった。つまり、わかりやすく言えば、ほとんどのテレビ番組は、「東京人」による「東京人」のためのテレビ番組へと変質収斂していったのである。そこで使われる「ことば」は、日本全国レベルで言語優位者の位置になった「標準語＝東京語」であった。先述したように、ニュース報道はそれまでも無自覚に「標準語主義」を採り続けていたのだが、ニュース報道以外のドラマやスポーツや歌番組やバラエティの領域においても、六〇年代から七〇年代にかけて、テレビのなかの「ことば」は確実に「標準語化＝東京語化」されていったのだ。

以上のことからわかるように高度経済成長を牽引した「経済ナショナリズム」は、言語的現れとして、全国で日本人の「ことば」を標準化させ、テレビのなかの「ことば」を東京語化させていったのである。これが一九七〇年代から一九八〇年代にかけての日本の言語状況の俯瞰図である。

このような言語状況のなかから一九八〇年の「漫才ブーム」が湧き起こる。一九八〇年から八一年にかけて、突如嵐のように巻き起こり、台風のように過ぎ去っていった「漫才ブーム」の社会史的意義は、「ことば」の問題として捉えることによってはじめて明らかになる。さらに、「漫才ブーム」以降現在まで続いているテレビメディアの「ことば」の状況も、新聞や出版の「言葉」の状況も、ここから解き明かすことができる。次章から「漫才ブーム」の実相を追ってゆく。

第二章　「笑いの時代」の言語史的意義

◇「テレビのなかのことば」を変えたもの

二〇一六（平成二八）年現在のテレビのなかの「ことば」は、一九八〇年代はじめに起こった「漫才ブーム」の延長線上にある。

「漫才ブーム」をきっかけに世に出たビートたけしを先頭ランナーとして、同時期に出たタモリと明石家さんまを加えた三人が「お笑いビッグ3」と呼ばれ、いまだにテレビのバラエティ番組の「ことば」を牽引している。本来ならこの隊列にはもう一人島田紳助が並んでいるはずだったが、暴力団との交際を追及されて二〇一一年に芸能界を引退した。彼らに次ぐ位置に、笑福亭鶴瓶がおり、ダウンタウン松本人志・浜田雅功、爆笑問題太田光・田中裕二がいる。その次の位置には、東野幸治・今田耕司らの吉本興業中堅グループをはじめとして多くの芸人たちがひしめいている。

「お笑い芸人」と呼称される人間はおよそ一〇〇名くらいだろう。バラエティ番組だけではなく、情報番組やクイズ番組やスポーツ番組や、時にはニュース報道や教育番組にも、今や「お笑い芸人」

は欠かせない存在となっている。

しかし、彼ら彼女らについて、ビートたけしはこう書いている。


正直言って残念なのは、彼らの作る番組が、ほとんど俺たちのやってきたことをなぞっているだけなことだ。〔中略〕新しいと思ったことは、まだ一度もない。（北野武『全思考』）

つまり、二〇一六年の現在において、テレビに出ている多くのお笑い芸人たちや多くのテレビ番組は、ビートたけしたちが切り開いた地平を継承しているにすぎないのだ、と言っているのである。では、ビートたけしたちが切り開いた地平とは何であったのか。それを考えるために、今日のようなお笑い芸人の広範な活躍の契機となった「漫才ブーム」という現象の本質を解析してみよう。

「漫才ブーム」とは、一九八〇年初頭から一九八二年にかけての短期間に、「漫才」がテレビをはじめとした各種メディアを席巻した社会的ムーブメントのことを言う。ブームのきっかけを作ったのが、テレビ番組の『花王名人劇場』（制作・ＫＴＶ関西テレビ）と『ＴＨＥ ＭＡＮＺＡＩ』（制作・フジテレビ）であったとされており、両番組のプロデューサーであった澤田隆治《さわだたかはる》と横澤彪《よこざわたけし》の二人が「漫才ブームの仕掛け人」というのが通説となっている。

沢田隆治がプロデュースした『花王名人劇場』で、『激突！漫才新幹線』と銘打って、横山やすし・西川きよし、星セント・ルイス、Ｂ＆Ｂの漫才三組を集めて放送したのは一九八〇年一月二〇日のことである。横澤彪がプロデュースした『THE　MANZAI』が、「火曜ワイドスペシャル」枠内での単発番組として放送されたのが一九八〇年四月一日のことである。このときの出演者は、ツービート、B&B、ザ・ぼんち、島田紳助・松本竜介、星セント・ルイス、中田カウス・ボタン、横山やすし・西川きよしの七組であった。両番組はいずれもゴールデンタイム（午後七時～一〇時の放送時間帯）である。営業売上額は多額で制作担当者には高視聴率が求められる枠であり、その枠で人気や実力の評価が定まっていない漫才師をいきなりにはキャスティングできない。ゴールデンタイム枠に乗せて勝負してもいい、と思わせるだけの潜在的な人気があったことを沢田も横澤も知っていた、と考えるのが妥当である。

「漫才ブーム」で多くのお笑い芸人を供給した吉本興業の木村政雄（元・吉本興業東京支社長から常務）は、ブームのさなかにこう語っている。

このブームは大阪で生産し、東京でブームにしてもらい、大阪に逆輸入した。（『サンデー毎日』一九八一年一月四日・一一日合併号、強調・引用者）

この木村の発言のうち、「このブームは大阪で生産し」とは、何を言いたかったのであろうか。そしてこの発言を正しく理解できた者は何人いただろうか。

「漫才ブーム」には、大阪での五年間にわたる助走期間が存在していたのである。

◇「漫才ブーム」の助走期間

「漫才ブーム」の助走前史を、残存している資料と関係者の聴き取りから振り返ってみる。

ブームが起こる二年前、一九七八年に大阪・高島屋ホールで、ある一つの演芸ライブが開催されていた。そのライブは「東西お笑い劇場・翔べ翔べ若手漫才の会」という名称であった。出演者は、大阪勢としてB&B、島田紳助・松本竜介、ザ・ぼんちらで、東京勢として星セント・ルイス、ツービートだった。ツービート（ビートたけし・ビートきよし）は、当時まだ無名であった。

東京と大阪の若手漫才師たちだけが舞台に上がる、という異例のイベントをプロデュースしたのは、岩本靖夫《いわもとやすお》という人間である。岩本は、大阪にあるABC朝日放送のラジオ局の演芸担当プロデューサーだった。彼は、「次代の笑いの担い手」を探しあてることを自分の課題としていた。

岩本がその数年前から担当していた番組に『東西お笑い劇場』という番組があった。その番組は月曜から土曜までの昼のベルト番組で、一日あたり二〇〜二五分の放送枠で、一回の放送で落語なら一人、漫才なら二組が紹介できた。番組の素材を作るためには、吉本興業のなんば花月や松竹芸能の角座での録音だけでは数が足りず、ひと月に一回くらいの公開録音が必要だった。天王寺のアポロホールなどで行う公開録音イベントの際に、ベテランや中堅のメンバーに混ぜて、岩本は自分が眼を付けた無名の若手漫才師たちを起用していった。一九七五年から始まった岩本のこの試みのなかから、力を付けて関西圏の若者に認知されるようになった若手漫才師たちが複数育っていた。一九七八年に大阪・高島屋ホールで開かれた「東西お笑い劇場・翔べ翔べ若手漫才の会」は、その中間の集大成だったのだ。岩本の記憶によると、八〇〇席を超える会場は満席で、通路にまで若者が座り込んでいたという。これ以降「翔べ翔べ若手漫才の会」は一九七九年に至るまで六回にわたって開催され、回を重ねるごとに観客は膨らんでゆき、業界人や芸人たちも注目するようになっていった。

◎西の島田紳助、東のビートたけし

さかのぼって、一九七〇年代の関西演芸界は、横山やすし・西川きよしが気を吐いてはいたものの、全体としては下降沈滞ムードにあった。そんな状況下の一九七四年に、岩本は島田紳助と出会う。なんば花月でラジオの中継をやっていたときに、舞台袖で幕の開閉をやっていた若者に、「最近、おもしろいものありますか?」と聞いたところ、その若者は、「東京ヴォードヴィルショーが一番ですわ。やす・きよはペケでんな」と答えた（北之口太「MANZAIブームの種をまいた男・岩本靖夫裏方の凄み」『月刊タイムス』一九九九年六月号および二〇一六年の岩本靖夫へのインタビュー）。

東京ヴォードヴィルショーは、佐藤B作を中心に一九七三年に旗上げしたばかりの軽演劇集団で、そこにはのちに活躍する久本雅美や柴田理恵がいたのだが、この当時、大阪で東京ヴォードヴィルショーのことを知っていて語れる人間は放送業界にも芸人にもほとんどいなかった。しかもその若者は、七〇年に上方漫才大賞を獲って人気絶頂の位置にいた横山やすし・西川きよしの芸を評して「あれはもう古い」と言ったのである。そのリーゼント頭の若者が島田洋之助に入門したばかりの島田紳助だった。

岩本がビートたけしと出会ったのは一九七五年である。東京出張の際に浅草演芸場を覗いたところ、うなずくだけの相方に江戸下町弁で一方的にしゃべりまくる猫背で小太りの芸人を見出した。それがビートたけしだった。ビートたけしの芸に触れたとき、岩本は「アレキサンダー一世」という芸人の再来を予感した、という。

「アレキサンダー一世」とは、一九六〇年前後の数年間に「姿一平・三平」という名前で活躍した漫才師の片割れの姿一平のことで、モダンジャズから映画、現代美術、哲学思想などあらゆるジャンルをネタにして早いテンポでしゃべりまくる破天荒な芸風をもつ芸人だった。アレキサンダー一世こと姿一平は生放送のラジオ番組中に、放送局幹部らの噂話を実名でしゃべりまくり大阪追放となり、その後の行方は知れない（岩本靖夫氏の証言）。横山やすしが後年に「唯一、師匠と呼べる男」と告白した芸人である。

浅草演芸場の楽屋口で待っていた岩本が、出てきたビートたけしに声をかけてお茶に誘ったところ、たけしは「ヒマですから」とついてきた。そのとき岩本が、「今は先輩芸人にも客にも受けは悪いでしょうが、意識してレベルを下げることはありませんよ。世の中の方が、そのうちあなたに追いついてきます」と感想を述べたら、たけしは「フゥーン、そうなりゃいいな」と答えたという（北之口太・前掲記事）。

岩本靖夫は大阪で島田紳助と出会い、東京でビートたけしと出会った。そして彼らと、彼らの周辺にいる若い才能たちを自分の担当していたラジオ番組『東西お笑い劇場』の公開録画イベントに次々と出演させてゆく。そこに、かわら長介らの若手笑芸作家が「次代の笑い」を求めて集まるようになった。演者と裏方が集団となって「次代の笑い」を創造してゆこう、という自覚的な芸能ムーブメントがここから動き始めたのである。

ここで注目すべきは「翔べ翔べ若手漫才の会」が、個別の才能の開花だけではなく集団的なムーブメントだった、という点であろう。集団的なムーブメントだったからこそ、次の「漫才ブーム」を胚胎することができたのである。

◇新しい漫才の「新しさ」とは何だったか

紳助やたけしが体現していた「次代を担う新しさ」とはいったい何であったのか。岩本によれば、「「若者の生活」を「若者のことば」で語る面白さ」である（二〇一五年インタビュー）。

七〇年代とは、着々と進む豊かな消費社会化のなかで、全共闘などの政治行為が雲散霧消してゆき、親の世代の価値観に反抗しようとする精神が行き場を失って、サブカルチャーに変形してゆく時代であった。大人たちの古い価値観に対して、若者たちは自分たちの力で何か新しい価値観や生活スタイルを築き上げようと模索していたのである。それは漫才など笑芸の世界においても同様であった。

それまでの漫才は、作家が書いた台本にもとづいて、芸人がそれを自分なりにアレンジして演じるものだった。他人が書いた「よくできた話」をしっかりと覚え込み、訓練し、計算されたネタふりをして、何回かの繰り返しがあってオチになる、という構造の話芸であった。「話すことば」は基本的に他人の借りものになり、話す速度は遅くなる。さりとて、それを極めれば名人芸の域に達する。当時の東の代表が獅子てんや・瀬戸わんやであり西の代表が夢路いとし・喜味こいしであり、彼らを引き継ぐのが横山やすし・西川きよしであった。それらの古い漫才を打ち破るには、「自らの体験に根ざしたテーマを、自らの日常語で、笑いに転化する」才能と力量が必要だったのである。

つまり、紳助やたけしの体現していた新しさとは、自分なりの「生活ことば」で、自分なりの「生活思想」を語って笑いを創る、ということであった。そこには、自覚的な「言語観」と、自覚的な「生活思想性」があったのである。だからこそ、北野武は「ビートたけし弁」に固執し、長谷川公彦は「島田紳助弁」に固執した。彼らは、自分自身の体験や感覚に裏付けされたネタを、自分の「生活ことば」でしゃべって笑いを創ることに固執したのである。そして、彼らのまわりに、彼らのように明確な「言語観」や明確な「生活思想」をもたないまでも、現状にあきたりない不満と夢を抱いた若いお笑い芸人たちが集まった。

「翔べ翔べ若手漫才の会」に集まった若手漫才師たちには共通項として、（1）若い演者の実体験にもとづく笑い、（2）今の若者の生活ことばを使う、（3）ゆっくりしゃべって何回も繰り返してオチに行くという展開をしない、（4）関西弁でも東京語でも速いしゃべりでスピード感が近い、などの特徴がある。

さらにもう一つの大事な要素として、彼らの漫才の基本には、

・ツービートの「東京（たけし）VS山形（きよし）」

・B&Bの「広島（洋七）VS岡山（洋八）」
・紳助・竜介の「私立高校（紳助）VS公立高校（竜介）」

のように二項対立構造が必ずある。
それは彼らの発想の根底に、何らかの「価値観への異議」、もしくは「価値観の相対化」という意識があったことの現れである。島田紳助やビートたけしたちは漫才という笑芸によって、沈潜した若者の反時代的精神を掬い上げる感性をもっていたのである。

◇「漫才ブーム」の爆発と消滅

一九八〇年一月二〇日に全国ネットで放送された『花王名人劇場『激突！漫才新幹線』』が漫才ブームのきっかけの一つであったことは間違いない。出演者は、東京を代表する星セント・ルイスと大阪を代表する横山やすし・西川きよしで、この二組の対決に若手のB&Bを加えた構成だった。視聴率は、ビデオ・リサーチ調査によれば関東地区で一五・八%、関西地区で一八・三%、ニールセン調査によれば関東地区で一三・四%、関西地区で二七・二%であった。二社の調査数字に差異があるのは珍しいことではなかった。

ここで読み違えてはいけないのは、ビデオ・リサーチ調査による関東の一五・八%は当時としては一定の成功というほどの視聴率であって、決して「驚異的」というほどの数字ではないということである。当時は、視聴率二〇%を超える番組は多くあり、人気番組の代表である『クイズダービー』や

『ザ・ベストテン』や『8時だよ！ 全員集合』などは三〇％以上四〇％近くを獲っていた。この日の放送を「驚異的な視聴率を獲った」と評するのは、ブームが起こったあとの修飾的形容であろう。またすでに、人口の東京集中にともない、全国ネット番組の視聴率は関東地区を重視するようになっていた。ニールセン調査による関西の二七・二％は当時でも高い視聴率であった。関東と関西の数字の差には、「笑い」についての東阪の感覚の違いと見ることもできるし、関西弁漫才に対する関東圏の受認度の問題と見ることもできるし、関西には「翔べ翔べ若手漫才の会」の潜在的な広がりがあったと見ることもできる。

いずれにしても、前年の七九年一〇月の放送開始以来、落語や漫才やコメディやドラマなどを単発的にラインアップしながら視聴率的には平均で一〇％以下と苦戦していた『花王名人劇場』は、この日以降「漫才」の比率を増やしていった。

ここで肝要なことは、『花王名人劇場』が意図したところと、その果たした役割を正しく評価することである。『花王名人劇場』が意図したものは、視聴率の獲れるソフトとしての「漫才」の復権である。六〇年代から七〇年代にかけて、「漫才」は正月特番での寄席中継や週末の午後の演芸番組で放送されるくらいの位置付けの趣味的な娯楽であり、テレビのゴールデンタイム枠で放送するようなものではなかった。その「漫才」を、テレビの大きなソフトとして仕立てたことは『花王名人劇場』の功績だと言えるが、一方でこの番組の果たした役割は、衰退しつつあった「漫才という笑芸」の面白さを再発見させたことにとどまると言うべきであろう。

表 2-1　『激突！ 漫才新幹線』の出演者ラインアップ

回数	放送日時	出演者
第1回	1980年 1月20日	星セント・ルイス、B&B、横山やすし・西川きよし、橘つや（お囃子方）
第2回	1980年 4月13日	ゆーとぴあ、チャンバラトリオ、コメディ NO1、星セント・ルイス
第3回	1980年 11月30日	横山やすし・西川きよし、B&B、島田紳助・松本竜介
第4回	1981年 9月6日	横山やすし、西川きよし、B&B、オール阪神・巨人、若井小づえ・みどり
第5回	1982年 6月27日	春日三球・照代、今いくよ・くるよ、正司敏江・玲児、コント赤信号

出所）澤田隆治編・著『テレビ時代の名人芸グラフィティ』『漫才ブームメモリアル』『にっぽんの芸人392』より、吉村がまとめた。

あとになって澤田隆治は「漫才ブーム」について、「話術だけで、こんなに笑えるモノがある。視聴者がそれに気づいたんやね」と語っている（『読売新聞』二〇一〇年三月二六日「光景、あの日、あの時、あの場所で　十六」、強調は引用者）。ここには「翔べ！翔べ！若手漫才の会」に集結した若手漫才師たちが内包していた、「若者の生活を若者のことばで語る」という「言語観」や「生活思想性」の視点はない。

それは『激突！漫才新幹線』の第二回以降のラインアップに現れている（表2-1参照）。

このラインアップのなかで「次代の笑い」を目指していた「新しい漫才」はB&Bと紳助・竜介だけであり、ほかは「古いタイプの漫才やコント」である。

澤田は、テレビ史にその名を残す『てなもんや三度笠』を演出・プロデュースした人間である。藤田まこと主演で一世を風靡した『てなもんや三度笠』は、完璧なまでに計算されて、入念な稽古を重ねて構築された時代劇コメディであった。澤田の演出の基本は、練り込まれた「芸の完成度による笑い」を求めるところにあった。しかし、それは「新しい漫才ムーブメント」が中核に抱いていたものとは背反するものである、ということに気付く者はほとんどいなかった。この点に、二年後に訪れる「漫才ブームの急速な終焉」時に、生き残る者とそうでない者との分岐点があったのだ。

◇『THE MANZAI』

同じフジテレビで放送された『花王名人劇場』と『THE MANZAI』であるが、二つの番組を比較するとあることが見えてくる。

『THE MANZAI』は『火曜ワイドスペシャル』内で単発番組として三カ月に一回の割合で放送された番組である。一九八〇年四月一日の第一回から一九八二年六月一五日までの全一一回放送された。アルファベットのタイトル、電飾を使った華やかな空間、西洋ポップスの出囃子、若者だけの客席、といった演出が特徴だった。しかし、本当に注目すべきはそのキャスティングにある。第一回の出演者は、ツービート、B&B、島田紳助・松本竜介、ザ・ぼんち、星セント・ルイス、中田カウス・ボタン、横山やすし・西川きよし。最年長の横山やすしが三六歳で、西川きよしが三四歳、あとは皆それより若くて三〇そこそこか二〇代である。若手だけを起用するというキャスティング方針は最終回まで変わっていない。なおかつツービートと紳助・竜介は毎回必ず出演している。『THE MANZAI』は明らかに「若手だけによる漫才番組」を志向していた。そして第一回のサブ・タイトルは、「翔べ！　笑いの黙示録・東西激突！　残酷！　ツッパリ！　ナンセンス」であった（強調は引用者）。ここには明確に、助走前史の「東西お笑い劇場・翔べ翔べ若手漫才の会」の意識的な継承を読み取ることができるのだ。『THE　MANZAI』はフジテレビの横澤彪が、朝日放送の岩本靖夫の「翔べ翔べ若手漫才の会」を、局を超えて引き継いだものだったからである。

残存している資料と関係者への聴き取りから、その状況を振り返ってみる。

一九八〇年の二月、大阪・朝日放送の眼の前にあるホテルプラザの喫茶店で、吉本興業の若手社員・大﨑洋（現・社長）と岩本靖夫は、一つの企画書を前にして次回のラジオ公開録音の企画打ち合わせをしていた。数年前からの仕掛けにたしかな手ごたえが出ていたのを受けて、二人は「やすし・きよしも抜いた本当の若手だけの漫才イベント」について相談していた。そのときちょうど同じ店に大﨑の上司である木村政雄（当時・吉本興業東京セクションチーフ）が、フジテレビの横澤彪と来ていた。横澤はプロ野球中継の雨天予備番組（通称・レインコート番組）の担当でその打ち合わせに来阪していたのである。木村と横澤が、大﨑と岩本のテーブルに近づいてきて、木村が岩本に横澤を紹介した。岩本と横澤は初対面であった。木村と岩本は仕事仲間であり、落語や漫才などの「笑芸」の今後やメディアの将来や日本社会について語り合うことのできる間柄であった。何の話をしているのか、と問われた大﨑が岩本の企画書を木村と横澤に見せたところ、二人はじっくり目を通して、「これ、いただいていいですか」と横澤が聞いたのである。岩本と大﨑は承諾した（『日刊ゲンダイ』二〇一〇年六月九日大﨑洋インタビュー、および二〇一六年一二月の岩本靖夫インタビュー）。

表2-2 『THE　MANZAI』の出演者ラインアップ

回数	放送日時	出演者
第1回	1980年4月1日	ツービート(ビートたけし、ビートきよし)／B&B(島田洋七、島田洋八)／ザ・ぼんち(おさむ、まさと)／島田紳助・松本竜介／星セント・ルイス／中田カウス・ボタン／横山やすし・西川きよし
第2回	1980年5月20日	ツービート(ビートたけし、ビートきよし)／B&B(島田洋七、島田洋八)／島田紳助・松本竜介／西川のりお・上方よしお／オール阪神・巨人／ぽぱい(木田Q太、トニー茂木)／海原さおり・しおり／横山やすし・西川きよし
第3回	1980年7月1日	ツービート(ビートたけし、ビートきよし)／B&B(島田洋七、島田洋八)／ザ・ぼんち(おさむ、まさと)／島田紳助・松本竜介／西川のりお・上方よしお／春やすこ・けいこ／横山やすし・西川きよし
第4回	1980年10月7日	ツービート(ビートたけし、ビートきよし)／B&B(島田洋七、島田洋八)／ザ・ぼんち(おさむ、まさと)／西川のりお・上方よしお／島田紳助・松本竜介／星セント・ルイス／春やすこ・けいこ／太平サブロー・シロー／おぼん・こぼん／横山やすし・西川きよし
第5回	1980年12月30日	ツービート(ビートたけし、ビートきよし)／B&B(島田洋七、島田洋八)／ザ・ぼんち(おさむ、まさと)／西川のりお・上方よしお／島田紳助・松本竜介／星セント・ルイス／春やすこ・けいこ／太平サブロー・シロー／おぼん・こぼん／横山やすし・西川きよし
第6回	1981年3月31日	ツービート(ビートたけし、ビートきよし)／B&B(島田洋七、島田洋八)／ザ・ぼんち(おさむ、まさと)／島田紳助・松本竜介／西川のりお・上方よしお／中田カウス・ボタン／太平サブロー・シロー／今いくよ・くるよ／ヒップアップ(島崎俊郎、川上泰生、小林進)／横山やすし・西川きよし

回数	放送日時	出演者
第7回	1981年 6月30日	ツービート(ビートたけし、ビートきよし)／B&B(島田洋七、島田洋八)／ザ・ぼんち(おさむ、まさと)／島田紳助・松本竜介／西川のりお・上方よしお／オール阪神・巨人／ヒップアップ(島崎俊郎、川上泰生、小林進)／横山やすし・西川きよし
第8回	1981年 9月29日	ツービート(ビートたけし、ビートきよし)／B&B(島田洋七、島田洋八)／ザ・ぼんち(おさむ、まさと)／島田紳助・松本竜介／西川のりお・上方よしお／オール阪神・巨人／ザ・ぼんち(おさむ、まさと)／太平サブロー・シロー／ヒップアップ(島崎俊郎、川上泰生、小林進)／横山やすし・西川きよし
第9回	1981年 12月8日	ツービート(ビートたけし、ビートきよし)／B&B(島田洋七、島田洋八)／ザ・ぼんち(おさむ、まさと)／島田紳助・松本竜介／西川のりお・上方よしお／オール阪神・巨人／太平サブロー・シロー／ヒップアップ(島崎俊郎、川上泰生、小林進)／春やすこ・けいこ／横山やすし・西川きよし
第10回	1982年 3月30日	ツービート(ビートたけし、ビートきよし)／B&B(島田洋七、島田洋八)／島田紳助・松本竜介／西川のりお・上方よしお／ヒップアップ(島崎俊郎、川上泰生、小林進)／オール阪神・巨人／柄本明・佐藤B作／明石家さんま・春風亭小朝／山田邦子・山村美智子／やすえ・やすよ／伊丹幸雄・城みちる／ポップコーン(正一、正二)／梨元勝・福岡翼／トリオ・ザ・テクノ(坂本龍一、高橋幸宏、細野春臣)
第11回	1982年 6月15日	ツービート(ビートたけし、ビートきよし)／B&B(島田洋七、島田洋八)／島田紳助・松本竜介／西川のりお・上方よしお／太平サブロー・シロー／ヒップアップ(島崎俊郎、川上泰生、小林進)／ポップコーン(正一、正二)／横山やすし・西川きよし

出所）第5回・第8回については『毎日新聞』縮刷版にて確認できたが、他については資料がみつからず Wikipedia（https://ja.wikipedia.org/wiki/THE_MANZAI_（お笑いのコンテスト）〔2017年3月27日閲覧〕）を参考にした。

ラジオは浸透性が強くて新しい冒険に適しているメディアである。テレビは大きな増幅作用を持つメディアである。岩本は、自分たちが五年かけて育ててきた「次代の笑いを創るムーブメント」の今後を横澤と木村に託した。横澤は、岩本たちが追求していた「「若者の生活」を「若者のことば」で語る面白さ」の意味を正しく理解したし、木村は岩本と横澤をつなぐことによって「笑芸」の価値を高めて、エンターテイメントビジネスの飛躍と吉本興業の東京進出拡大を願っていた。

『THE MANZAI』は前述のような経過を経て放送された。初回視聴率が関東で一五%、第三回は二七%、第五回は三二%を獲った。

各テレビ局は「漫才」を中心ソフトに据えた番組を競って放送していった。フジテレビ以外では日本テレビが同時期の八〇年四月一二日にスタートさせた『お笑いスター誕生』が一〇週勝ち抜き方式で若手芸人たちの登竜門となっていった。八〇年一〇月からはフジテレビが月〜金の昼ベルトで『笑ってる場合ですよ』をスタートさせた。こうして、一九八〇年初秋から「漫才」は日本中の若年層を中心にして爆発的なブームとなり社会現象と化した。B&Bの「もみじ饅頭」や、ビートたけしの「赤信号みんなで渡ればこわくない」は流行語になった。

これまで見てきたような経緯からして、「漫才ブーム」とは岩本靖夫が「種をまいて」、横澤彪と木村政雄が「育てた」芸能ムーブメントであった、というのが正確な捉え方であろう。

一つの大きな社会現象は決してある日突然に生まれるものではない。それを生む時代的・社会的な背景が必ずあり、複数の人間がそれぞれの思いを抱いて時代と社会に取り組み、いくつかの出会いときっかけを得て動き出す。そして、大衆消費社会はその動きを変形させながら大きな渦に膨張させて、費消しつくす。渦は、多くの人間を巻き込み、踊らせ、やがては消えてなくなる。動きの出発点の意義を正確にとらえていた人間だけが生き残り、次の新たな渦の生産にかかわることができる。物品の製造も、芸能の製造も、テレビ番組の製造も、これを免れるものではない。

◇「漫才ブーム」の本質――「標準化」へのささやかな叛乱

「漫才ブーム」の動きの出発点にあった、「「若者の生活」を「若者のことば」で語る面白さ」の内実について、もう少し考えてみよう。一九七〇年代から八〇年代にかけての日本の「若者の生活」とはどのようなものだったか。

一九五五（昭和三〇）年から実質で年率一〇％を超える高度成長を続けた日本経済は、六八（昭和四三）年にGNPで西ドイツを抜いて世界第二位の経済大国となった。七三（昭和四八）年の第一次オイルショックで高度成長はいったん終わるが、それ以降も経済は成長を続け、八〇（昭和五五）年には日本の自動車生産台数がアメリカ合衆国を抜いて世界一位になった。一般民衆の生活には電化製品がゆきわたるようになり、「一億総中流」社会が到来していた。学生の生活という視点から見れば、一九七四年には高校進学率が九〇％を超え、一九七五年には大学進学率が三八％を超えた。驚くほどの勢いで「大衆社会」化状況が進行していった時代だった。

この時代の「若者の生活」は、経済成長の果実としての豊かな消費物資が所与の現実としてあり、学校教育ではそれを支えている「標準化の思想」が教えられ、産業社会からは人生の目標として均質化された「標準的な人生」が提示されていたのである。しかし若者はいつの時代も所与の現実に対して、いくばくかの不満と不安を抱えている。これこそが「漫才ブーム」を生んだ社会意識である。「標準化」に対する疑義は、「標準化されない生活ことば」によって、「標準化されない生活」を語ることによってしかなされない。「生活ことば」とは「生活」の言語的現れにほかならないからである。「標準化」に抗おうとしたビートたけしは「ビートたけし弁」に固執した。「標準化」に抗おうとした島田紳助は「島田紳助弁」に固執した。

「漫才ブーム」のトップランナーであったB＆Bの島田洋七について紳助はこう語っている。

洋七さんの漫才に、ただひとつだけ欠けているものがあった。それは人間的な個性だ。洋七さんはセンスで勝負していたが、そこには人格というかキャラクターがよく見えなかった。（島田紳助・松本人志『哲学』幻冬舎よしもと文庫）

島田洋七は一九五〇（昭和二五）年生まれで、紳助やさんまらより五歳年長である。若手漫才師たちのなかでは兄貴分で、高校三年生だった長谷川公彦（のちの紳助）は彼の漫才に衝撃を受けて漫才師を目指した。紳助は洋七を近くで研究するために、島田洋之介に弟子入りをし、洋七の弟弟子になったのだ。その紳助が洋七を評して、話術やスピード感は素晴らしいが「個性」が見えなかった、

「生活」が見えなかった、と言っているのである。ここには「ことば」と「生活」をめぐる深い意味がはらまれている。

島田洋七は広島に生まれ、家庭の事情で母方の祖母の住む佐賀県で幼少時を過ごし、広島の広陵高校の野球部で青春を送り、東京への家出生活を経てそのあとに大阪で漫才師になった。充分に語るに足りる人生と生活をもっているのに、洋七の漫才からはそれが見えてこない、つまり洋七の生活とネタが乖離しているということを紳助は言っているのである。

これを「ことば」の現れとして見るならば、紳助は洋七が漫才で使っている「ことば」が「生活ことば」ではなく「漫才師としての職業語」であることの脆弱さを見て取っていたのである。

島田洋七が、自分の幼少時から思春期にかけての生活を『佐賀のがばいばあちゃん』として本に書き、大ヒットするまでにはブーム終焉から二〇年の歳月を必要とした。同書の元本となった『振り向けば哀しくもなく』の執筆を勧めたのがビートたけしであった、という事実も示唆に富んでいる。

「漫才ブーム」は一九八一年七月にザ・ぼんちが漫才師として初の武道館ライブを開き、一〇月には同じく武道館で若手漫才師たちが一堂に会して「漫才大全集」を開催したことをピークにして一気に終息した。ブームの急速な終焉についての言説のなかで的を射ているのは、岩本靖夫の「芸人たちが自分でこわれていった」と、島田紳助の「抜こうと思っていた人たちが勝手にこけていった」であろう。

若手漫才師たちは寝る間もない忙しさの替わりに、自分たちでもわけのわからないほどの人気と、それまでとは桁違いのギャラを手にした。ムーブメントの出発点に内在していた「標準化」への異議申し立てという意味合いは、多くの漫才師たちから忘れられていった。彼らは、社会の価値規範に対して異議申し立てをする「境界人（マージナルマン）」の立場から、社会的成功者へと変質していたのである。テレビは「もみじ饅頭」や、「コマネチ」や、「そーなんですよ川崎さん」や、「ホーホケキョ」といった単語的ギャグを再生産し続けていた。ブームを支えていた若者層は堅固な経済社会の現実にすみやかに回帰していった。若年層には、一年たったら進級があり、入学試験があり、入社試験があり、社会人生活がある。自分たちの生活を覆っている価値規範に不満や不安があるにせよ、それを持続的に継続するほどには彼らの疑義は強くはなかった。若者たちが、「いつまでもこんなことで笑ってる場合ではない、目先の勉強、目先の仕事」と思ったときに「漫才ブーム」は終わった。「漫才ブーム」を作っていた社会意識を、若年層による「現実に対するささやかな叛乱エネルギーの代償」ととらえるならば、その叛乱を短期間で原隊復帰させるまでに日本社会全体の価値規範が強かった、ということである。

ひと晩寝て、目が覚めたら終わっていた。（B＆B島田洋七）

「漫才ブーム」は政治運動でもなく、社会運動でもなく、「増幅された芸能ムーブメント」でしかなかったからである。

◇「漫才ブーム」から『オレたちひょうきん族』へ継承されたもの

「漫才ムーブメント」がその出発点から内包していた「現実社会の価値規範に対する疑義」を継承しつつ、独自の企画として発展させたのが『オレたちひょうきん族』である。

『ひょうきん族』は、「漫才ブーム」さなかの一九八一年五月一六日に土曜ナイター枠の雨天予備単発番組として『決定！　土曜特集オレたちひょうきん族』のタイトルで第一回目が放送された。それ以降、八一年八月二九日までに八回ほど単発番組として放送されたあと、八一年の一〇月一〇日から土曜日夜八時〜九時のレギュラー番組となった。プロデューサーが『ＴＨＥ　ＭＡＮＺＡＩ』の横澤彪、主な出演者がビートたけし・島田紳助・明石家さんまらで、そこに「漫才ブーム」で有名になった漫才師たちや片岡鶴太郎・山田邦子・稲川淳二らのお笑いタレントが加わっていた。当時土曜日の夜八時台にあって国民的人気を誇っていた『8時だよ！　全員集合』をやがて追い抜いて、八〇年代を代表するバラエティ番組となったことについては多くの記述があり多言を要しないだろう。

『ひょうきん族』をめぐる言説の多くは、多額の制作費を使ったコントセットや風変わりなキャラクターの設定や裸体を多様したダンスなど、演出手法に関するものである。手法は取り替えの効くものであり、使えば古びてゆき、真似されて費消されてゆくものであり、のちのちにまで深い影響を及ぼすものではない。大切なのは、演出上のアイデアというさまざまな意匠の背後にある「表現思想」である。

『ひょうきん族』が意図したものは、六〇年代から七〇年代にかけて進行していった日本社会やテレビメディアの均質化や標準化の末に「確立された価値」への「笑い・嗤い」による紊乱だった。そのための最適な手法として選ばれたのがパロディーである。標的にしたのが、高視聴率の歌番組『ザ・ベストテン』であり『8時だよ！全員集合』であり、人気ドラマのシーンであり、人気歌手であり、有名人であった。このときすでに、「漫才」という笑芸の形式は必要ではない。「漫才」は、ビートたけしや島田紳助らが世に出るための「借景」にすぎなかったのだ。必要とされたのは、自分なりの「ことば」で笑いを創り出してゆく才能と力量だった。

この間の意図をかなり正確に読み取っていた芸人にラサール石井がいる。石井は、『ひょうきん族』では、漫才コンビをすべてバラして使ったことと、持ちネタをいっさいやらせなかったことを特徴としてあげたうえで、「自分のことばでしゃべれるタイプの芸人たちが伸びていった」という言い方をしている（ラサール石井『笑いの現場――ひょうきん族前夜からM－1まで』角川SSC新書）。「漫才ブーム」で世に出た多くのお笑い芸人たちは『ひょうきん族』の進展のなかで、気付かないうちに次代のために淘汰されていっていたのである。そのことを最も鋭敏に感知していたのがビートたけしと島田紳助と明石家さんまだったのだ。気付いた者たちは、自分独自の「生活ことば」を「笑い」を作るための武器とすることに修練し、気付かなかった者は瞬発的なギャグや身体芸で取れる「笑い」に終始した。

『ひょうきん族』をめぐる言説のなかで、「アドリブを重視した」という制作者たちによる言表があるが、的を外している。重要だったのは、アドリブとして発せられた「ことば」の質である。台本上の台詞や、決まりの単語ギャグの合間に「つなぎ」として発せられた、「恥ずかしゅうてこんなんようせえへんわ、もう三〇やで」や、「何言ってんだこの野郎、オイラだってやってんだ、もう一回やれ、イッヒッヒ」といった「ことば」の質の問題であり、強さの問題である。構成作家たちやテレビ局の演出家たちがあらかじめ設定した「笑い」の装置に従いながら、たけしや紳助やさんまは、それらの装置から外れた時間に発する自分たちの「生活ことば」のほうが強くてオモシロイということを自覚的に練磨していたのである。そのことを認識できた者だけが次代に進むことができた。

パロディーは倒すべき対象がいなくなったときに、その存在意義を失う。『ザ・ベストテン』が終わり、『全員集合』を終わらせ、自らが真似される立場になったときに『ひょうきん族』は終わる。一九八九年一〇月のことである。

「翔べ翔べ若手漫才の会」から「漫才ブーム」を経て『オレたちひょうきん族』へとつながる八〇年代の「お笑いの時代」を通観することによって見えてくるものがある。それは、日本社会全体としては経済成長の産物として均質化と平準化が進んでゆき、その言語的な現れとして「標準化されたことば」が広められてゆき、特にテレビにおいては著しく「標準化されたことば」が広められてゆくなかで、「標準化されない生活ことば」によって「笑い」を作ろうとする「お笑い芸人」たちが登場した時代だった、ということである。八〇年代から九〇年代にかけてのテレビ番組の変遷を「テレビのなかのことば」の視点からたどってみれば、そのことがよくわかる。代表的歌番組の『ザ・ベストテン』の司会はTBSアナウンサーの久米宏と黒柳徹子、二人とも早口で流暢な「標準語」の使い手であった。番組に登場する歌手たちは、どんな田舎出身者でも「標準語風東京語」で話していた。国民的人気番組と言われた『8時だよ！　全員集合』のドリフターズも、番組のなかで話していたのは「標準語風東京語」であった。加藤茶が使う「福島なまり」も志村けんが使う「東村山なまり」も、あくまでギャグとしての「笑いの対象」でしかなかった。登場するアイドル歌手たちは、どんな田舎の出身者でもきれいな「アイドル標準語」を使っていた。これらに先行する「欽ちゃん番組」においても、萩本欽一も「欽ちゃんファミリー」と呼ばれたタレントたちも番組のなかで話していたのは「標準語風東京語」だった。時おり挿入される「素人の反応のことば」は、あくまで「笑いのネタ」でしかなかった。それらの番組では、標準化されていない「生活ことば」は、「笑いの対象」だった。しかし、八〇年代の「お笑いブーム」は、それまで「笑いの対象」とされてきた「生活ことば」によって「笑い」が作れることを実証して、その位相を転位させたのだ。これこそが「お笑いの時代」の言語史的意義であり、現在に至るまで「お笑い芸人」やテレビ番組制作に影響を与え続けているものの内実である。そして、ビートたけしや島田紳助や明石家さんまが長い間にわたって「お笑い」の牽引役として活躍を続けることのできた理由である。

◇「ビートたけし」の社会言語史的な位置付け

八〇年代のテレビのなかにおける「ことば」の変革の先導者的役割を担ったのはビートたけしと島田紳助である。彼らは、「話しことば」の領域において、「標準語もしくは東京語」に対して劣位言語として置かれていた「訛りを含んだ生活ことば」の位置付けを変えた。「訛りを含んだ生活ことば」とは「標準化されないことば」のことであり、その背後には「標準化された生活」に対する「標準化されない生活」からの批評性があった。それを明確に認識していた点において、たけしと紳助が八〇年以降、現在に至るまでのテレビ表現の開拓者なのであり、後続者たちへの指標を示した先駆者なのである。明石家さんまは、たけしと紳助が掲げていた指標を卓抜した技芸によって見事に体現化することによって、後続者たちの地平を広げた。そして、「お笑い」とは社会運動や政治思想ではなく、虚業としての「芸能」であるから、彼らの闘いは決して「仲良しのスクラム」ではなく、一人一人の生き残りをかけた熾烈な闘いであった。「芸能」の世界において、それぞれの言語観や生活思想の妥当性を担保するものは「人気と視聴率」という曖昧な指標しかないのである。たけしや紳助やさんまは、それを持続させるだけの卓越した技芸をもっていたのである。

たけし、紳助、さんま、のなかでまずは「ビートたけし」の意義を考える。

八〇年代のテレビにおける「ことば」の変革で最も大きな役割を果たしたのはビートたけしだったと言える。その理由は、ビートたけしが首都・東京の出身でありながら「標準語もしくは標準語近似値としての東京語」ではない「ビートたけし弁」を自覚的に使ったからである。ビートたけしがテレビに登場するまでは、東京に住んでいる人間なら誰でも「標準語」あるいは「標準語風の東京語」を話しているものだとすべての日本人が思っていた、あるいは思わされていた。その東京のまん中から、「何言ってんだよ、オイラ、東京生まれだけどよ、訛ってるよ、それがどうした、ヒッヒッヒ」と堂々と東京下町の「生活ことば」でしゃべる人間が出たのだ。この「ビートたけし弁」が紳助とさんまを勇気づけたのである。

「漫才ブーム」でテレビのバラエティ番組空間に入り込んできたのが、B&Bや紳助・竜介や、ザ・ぼんち、らの使う関西弁であった。彼らの使う関西弁は、それまでの古いドラマやコメディなどで聞き知っていた関西弁とは違って、若者が日常生活で使う「生活ことば」であったから、スピードがあって勢いのある「ことば」だった。しかし、この段階ではまだ関西弁は「中央語＝東京語＝標準語」に対しての、異質の「一方言」にすぎなかった。

「漫才ブーム」でいきなり関西弁が東京語を使う首都圏の多くの人たちに受け入れられたわけではない。首都圏で「東京語」を使う多数者たちは、自分たちの言語的優位を疑おうとはしなかった。当時の言語状況を明石家さんまはこう語っている。

オレ、まだ東京に来て間《まァ》ない頃、「さんまさんて、歯、出てるんですねぇ」て言われてな。「そうやねん、オレ、歯《はァ》出てるからな、キュウリ食べるときはな、前歯でシャキシャキってかじってな、メッチャ便利やねん、て、誰が出っ歯やねん、ドアホッ」って言うたら、えらいびっくりされてなぁ、大阪弁てコワイって思われてたんやなぁ。（日本テレビ「恋のからさわぎ」二〇一一年二月四日、強調は引用者）

言語において、「優位者集団は、その優位を保つためには自分の「土俵」にあがらせて、あいてに自分たちの「しきたり」どうりにふるまうことを当然視する」のである（ましこ・ひでのり『ことばの政治社会学』）。そして同じ「土俵」に上がられてはまずい、と感じたときは反発してその相手を無視する。一般の東京語話者による「大阪弁はコワイ、関西弁は下品」という反応がそれである。

テレビのなかでの「ことば」の現れとしては、「漫才番組」における「漫才」という形式のなかだけでは関西弁が許されるが、それ以外の番組では、「標準語＝東京語」をしゃべる者たちが関西弁をしゃべる者を取り囲んで「テレビの基本は標準語＝東京語だよ」と、「しきたり」どおりにふるまうことを要求する。政治や経済や社会的事件を語るときは「標準語」でなければならない、というマスメディアの「標準語主義」が、それを支えた。まだまだ関西弁・大阪弁はテレビのなかでは言語劣位者であったのだ。

しかし、「標準語」もしくは「標準語近似値としての東京語」は本来的に弱い「ことば」だから、生身の生活に裏付けられた強い「生活ことば」の前に次第に追いやられていった。漫才番組の活況のなかで、活きのいい関西弁漫才師たちの「ことば」に、多くの東京弁漫才師たちが負けて消えていった理由はここにある。そのなかで、ビートたけし一人が押し寄せる関西弁漫才師たちを相手に、「東京下町ことば」訛りを含んだ「生活ことば」で迎え撃ったのである。「何、馬鹿なこと言ってんだよ、東京人がみな家んなかでお上品なことば、しゃべってるわけねえじゃねえか」「何やってんだ、この野郎」「ふざけんじゃねぇよ、てめぇ、イッヒッヒ」。

「漫才ブーム」に始まる八〇年代の「笑いの時代」の芸人同士の闘いのなかで、「ビートたけし弁」という「生活ことば」が、関西弁の位相を変えていった。それまでは関西弁は、圧倒的な数量の「中央語＝東京語」に対する少数の「地方語」でしかなかった。それが、ビートたけしの話す「ビートたけし弁」の存在によって、島田紳助の話す「島田紳助弁」も明石家さんまの話す「明石家さんま弁」も、それぞれが活き活きとして力強い「生活ことば」であることを世の中に認めさせたのである。ビートたけしの存在によって、「ことば」の闘いは、「中央語VS地方語」という水平分布上の数量の闘いから、「標準語VS生活ことば」という垂直関係上の質の闘いへと、大きく闘いの位相を変えたのだ。

◇「標準語＝東京語」VS「ビートたけし弁」

ビートたけしの社会言語史的な意味合いは、東京生まれ東京育ちでありながら、「標準語＝東京語」におもねらない「生活ことば」と「生活思想」を提示主張したことである。それは、一四〇年間にわたって日本社会全体が進んできた方向——近代的な国民国家の形成・経済成長による都市化・均質化と標準化による大衆消費社会での幸福追求——に対して、一般民衆の「暮らしとことば」の立場からの素朴にして鋭い批評性をもっていた。

ビートたけしは東京浅草生まれ、足立区育ちである。彼の「ことば」は多くの日本人が思う「標準語風東京弁」ではなく、江戸下町弁訛りであり、次のようなものである。「何言ってんだ、このやろう」「ばか言ってんじゃねぇよ、てめぇ」。ビートたけしの話す「ことば」は東京の下町に暮らしている人たちの「生活ことば」を基本として、それが北野武という人間の人生のなかでふくらんだもの、すなわち「ビートたけし弁」である。

「ことば」は、その人を産んで育ててくれた「母」から子へと伝わる。それぞれの母が違うし、それぞれが育つ家庭や風土も違う。厳密に言って、一人一人の身体に植えつけられる「ことば」は当然一人一人違う。それぞれの人生が取り替えの効かないものであるように、「ことば」も取り替えは効かない。それぞれの人生が特殊個別であるのと同じ意味で、それぞれの「ことば」は特殊個別に訛っている。それでいい、いや、それがいいのだ。ロラン・バルトはこう言っている。

> 同じ一つの特有言語の内部において、人々がいくつもの言語をもつことが望ましい。仮に私が立法者であるとしたら〔中略〕――私は、無理やりフランス語を統一して、ブルジョワ的または民衆的なものにするどころか、むしろ反対に、さまざまな機能をもち平等の地位を与えられた、いくつものフランス語を同時に学習するように奨励するだろう。（バルト『文学の記号学』みすず書房、強調は引用者）

さかのぼってみれば、明治三〇年代に「東京の山の手ことば」を新しい国家の「標準語」にしようと人工政策的に決めたとき、それは「江戸下町ことば」でもかまわなかった。『國語元年』において、江戸下町の大工のおかみさん「高橋たね」と、神田の左官屋の娘「柳田ちよ」に、井上ひさしは次のように語らせた。

たね「そいじゃ江戸下町言葉が全国統一話し言葉になったたっていいんですね。」
ちよ「ちげーねえ。下町言葉は、ゴーギに景気がいいやね。」
たね「万事につけて手短かではっきりしているよ。泣いているをナイテル、書いておくをカイトク、今度はをコンダ、この間をコナイダ。ねえ、ガセーニ節約だろ。」
ちよ「ヒッカツグ、ヒッタクル、ヒッサラウ、ヒッチギル、ヒッパサム、シッツク、シッペガス、シンジネル。威勢がよくてグータラベーのところがないよ。」（井上ひさし『國語元年』中公文庫）

この時点で、江戸下町弁にも、江戸山の手言葉にも、津軽弁にも、名古屋弁にも、京都ことばにも、長州弁にも、言語としての優劣はなかった。近代日本の一四〇年の歴史が、東京山の手言葉を「標準語」という優位言語にして、それ以外の「ことば」を劣位言語にした。いわば、ビートたけしは日本の近代史全体に対して「それってよ、あったりめえじゃねぇよ」と疑義を呈したのである。たけしの父・北野菊次郎が塗装職人であり、母・きくが職人のおかみさんであったという事実に『國語元年』との偶然の一致を読み取るのは恣意的にすぎるだろうか。

◇ビートたけしの生活思想性

私たちが「お笑い芸人」について語るときに留意すべきはその技芸ではない。巷間には「ボケ」や「ツッコミ」などの技芸について論じた言説が出廻っているが、素人が「お笑い芸人」の技芸を論じるのは僭越であり、まったくと言っていいほど意味をもたない。「笑いの技術」は「笑いのプロ」の専権事項に属するものであるからだ。

私たちがビートたけしから学ぶべきものは、「ビートたけし弁」の背後に潜んでいる「生活思想」である。「標準語＝東京語」への同化圧力に負けなかったビートたけしは、「標準化された生活」に植えつけられたさまざまな価値観をひきはがしてゆく。ビートたけしの「生活思想」とは、経済効率を最優先にしてきた近代日本社会で一般民衆に刷り込まれたさまざまな価値感に対して、日々の暮らしの実感から発せられる素朴で力強い異議申し立てである。

例えば、戦後の学校教育で言われ続けている「平等」については、「人間はみんな平等だなんて、嘘っぱちだってことを子どもの頃から叩きこまれていた」と言う。中学生時代に、たけしの通う中学校の学生たちは馬鹿で貧乏でダサイ格好なのに、近くの金持ちの子どもが行く私立進学校の学生たちは、頭はいいし女の子にもモテるし、野球もむちゃくちゃ強かった、という経験を語る。私たちは、金持ちの家に生まれた人間と貧乏な家に生まれた人間の不平等について、美人に生まれた女子とブサイクに生まれた女子の人生における不平等について、実人生で嫌というほど経験している。

また教育やマスメディアが語る「努力」については、「努力すれば夢は叶う、というのは大間違いだ。正しく言うなら、努力すれば叶う夢もある、だ。どんなに努力しても叶わない夢で世の中は溢れかえっている」と言う(北野武『全思考』)。これがビートたけしの「生活思想」である。

これらは均質化された日本社会の欺瞞性を炙り出す鋭い批評である。

テレビという許認可メディアが公共性に縛られた安全なメディアであることを熟知しているたけしは、テレビに納まりきらない「生活思想」を表出する際には、映画というメディアを選ぶ。『その男、凶暴につき』(一九八九年)に始まり、『ソナチネ』(一九九三年)から『HANA-BI』(一九九八年)、『アウトレイジ』(二〇一〇年)、『龍三と七人の子分たち』(二〇一五年)に至るまで、映画監督・北野武として描くものには、戦後日本社会が隠蔽してきた「人間の本質としての身体性や暴力性や性愛性」が共通して潜んでいる。だからこそ北野映画は、人種や国境を超えて世界で評価されるのだ。

テレビで被り物をかぶる彼も、映画監督として世界からの賞賛を得る彼も、『新しい道徳』の著者としての彼も、同じ一人の人物である。その根底に、自分だけの「生活ことば」で生きている「生活者としての思想」が貫かれていることを読み取らなければならない。政治家の不祥事や社会的な事件やタレントのスキャンダルが話題になるときに、ビートたけしが、「そうか、おれたちお笑い芸人がもっと頑張らなきゃいけないんだよな」と言うのは、世の中に深く沁み込んでいる様々な価値規範を、お笑い芸人が「笑い・嗤い」で炙り出す努力をもっとしなければいけない、という彼なりの叱咤激励である。

◇「島田紳助」の正しい言語史的位置付け

島田紳助は、多くのお笑い芸人のなかでとりわけ「ことば」と「生活」と「笑い」について熟考を重ねた芸人である。紳助は、暴力団との不明朗な付き合いを指摘されて二〇一一年に芸能界を引退したが、その社会的責任とはまったく別の次元で、一九八〇年代から二〇〇〇年代にかけて彼が果たした意義と役割についてては正当に評価しなければならない。紳助がいなければ、ダウンタウン松本・浜田や、ハイヒールリンゴ・モモコ、今田耕司や東野幸治らの関西弁話者のテレビにおける現在のような活躍はおそらくなかったであろう。それほどまでに紳助は関西弁話者の「お笑い芸人」たちを、「言語観」と「生活思想性」において牽引したのである。

「漫才ブーム」の助走前史の時代に、紳助が回りの若手漫才師たちにかけていた声は、「ええかぁ、オレらが倒さなあかんのは、やすきよの漫才やぞ」であった。それは決して有名人の位置を奪取しよう、という浅薄な意味ではない。紳助は「漫才」の衰退をもたらした本質的な原因が「漫才のことば」の衰弱にあることを見ていたのである。

どのような表現形式も、その誕生から時間を経て確立されるにしたがって形式化する。紳助が芸能界に入った一九七五年頃の「漫才」は、背広にネクタイという容装も形式化していたし、使われる「ことば」も「漫才のなかで使うことば」に形式化していた。つまりは伝統芸能化していたのである。紳助はその代表的存在を「横山やすし・西川きよし」に見ていたのだ。だからこそ紳助は、リーゼント頭につなぎ作業服という容装で、不良ツッパリあんちゃんの「若者の生活ことば」で「漫才」をやろうとした。

島田紳助は京都生まれの京都育ちであるが、彼が使う「ことば」は多くの日本人が思うような柔らかな「京都弁」ではなく、京都のやんちゃな若者がしゃべる「ことば」にもとづいた「島田紳助弁」である。出発点におけるこのときから、紳助は「お笑い」について——プロである以上、「笑い」を獲る技術はもちろん大切であるが、それ以上に重要なのは——、「笑い」を産むための「ことば」と「生活」に対する感覚である、と考えていた。島田紳助のこの「表現思想性」こそがあとに続く「お笑い芸人」たちに今もなお影響を与え続けているものの内実である。

「お笑い芸人」は、均質化され平準化された産業社会における「社会的上昇」という尺度から見れば落ちこぼれた者たちである。貧しい家庭や複雑な家庭など、社会的には低い地位や環境で育った者が多い。傑出した身体能力にも恵まれなかったし、美声や美貌にも恵まれなかった。「標準化」を求める学校教育のなかでは劣等生だった。元不良もいれば、ヤンキーもいれば、元暴走族もいる。しかし、だからこそ常識的ではない「個別の生活」と「個別な生活ことば」をもっている。

紳助はその著書でこう書いている。


どんな業種でも、本当に成功しているところは、どこもみんな個性的だ。業界の常識を覆すようでなければ、おそらく本当の成功は望めない。〔中略〕常識はずれというのは、世間や業界の常識に反しているということを意味しているだけで、理にかなっていない、という意味ではない。

（島田紳助『ご飯を大盛りにするオバチャンの店は必ず繁盛する』幻冬舎新書）

常識はずれの「ことばと生活」を武器に発想して、「笑い」が獲れれば金が稼げることを紳助は示したのだ。ただ、それは容易なことではない。「お笑い芸人」というものは世の中の生産的な価値からすればしょせん無用のものであり、その立ち位置は実社会と虚社会との境界線上（マージナル）にある。「人気者」という賛辞も、大衆という名の移り気な支持者たちの気まぐれにすぎない。芸能の世界は、何百人に一人しか生き残れない熾烈な戦場である。そのかわり、学歴がなくても肩書きがなくても、親からもらった「身体とことば」があれば成り上がれる可能性がある。「笑い」と「ことば」と「生活」について熟考し、その上に技術を磨いた者だけが、一流の「お笑い芸人」として生き残る。「漫才」を借景として世に出た紳助は、九〇年代からはバラエティ番組の司会者という立ち位置を得て、その力量を発揮してゆく。ビートたけしと島田紳助に共通しているのは、自分自身の生活体験と生活感覚に裏付けられた「生活ことば」を使った「思想性のある笑い」であるが、その発露の仕方は異なっている。たけしの場合は、「ビートたけし弁」によって近代日本社会に潜むさまざまな価値観を「笑い・嗤い」で炙り出した。紳助の場合は、もっと直截的に「島田紳助弁」によって日本社会のなかでできあがった「エリート意識」を「笑い・嗤い」の対象にした。彼の「ことば」と「笑い」についての考えをうかがい知る例として、「クイズ・ヘキサゴン」と「行列のできる法律相談所」の二番組を取り上げてみよう。二つの番組に共通しているのは、「生活ことば」と「知識エリート」との関係である。

◇『クイズ・ヘキサゴン』のお馬鹿タレント

ここで取り上げる『ヘキサゴン』は、リニューアル後の『ヘキサゴンⅡ』である。二〇〇五年一〇月〜二〇一一年九月にかけて放送されたもので、紳助が芸能界を引退したことを契機に番組は終了した。里田まい・スザンヌ・木下優樹菜・つるの剛士・上地雄輔らの、いわゆる「お馬鹿タレント」が、小学生や中学生レベルの国語・算数・社会などの問題に挑むのだが、ほとんどの答えがわからずに、苦しんだり珍解答をしたりするのを見て視聴者が楽しむ、という内容であった。

現在も多くのクイズ番組があり、そこでは楽しむための仕掛けがいろいろとほどこされている。しかし、よく考えてみると、そこで出される問題ははたして私たちの「日々の暮らし」にいったいどれほどの関係があるのだろう。その問題の正解がわからなくても、また正解を知ったとしても、私たちが日常の生活で家族や友人と話をし、食事をするのにはほとんど「問題はない」。その理由は、提出される問題の多くが「知識」に属することがらであり、実生活を生きてゆくための「智恵」に属することがらではないからだ。そのことが最もよく現れているのが「漢字」の読み方・書き方問題で、画数の多い漢字や、四文字熟語、歴史上の人物の名前の読み方・書き方を問うものである。「憂鬱《ゆううつ》」、「相殺《そうさい》」、「未曾有《みぞう》」、「踏襲《とうしゅう》」、「魑魅魍魎《ちみもうりょう》」、「聖徳太子《しょうとくたいし》」などの漢字が出題される。これらの問題にすらすら答えるタレントが「賢い人」とされるのだが、はたして本当にそうなのだろうか。

通常のクイズ番組とは違って、『ヘキサゴン』ではお馬鹿なタレントたちが、チンプンカンプンな問題に対して一生懸命になって身をよじりながら「ことば」をひねり出す。「あーッ、わからへん、こんなん知らへんわ」と言ったきりで黙っていてはいけない。紳助は「なんでもええから言うてみぃ、しゃべれ」と励ます。例えば「相殺」が問題ならば、「アイサツ違うの、えっ、ソウダン、ソウシ、えーっ、アイゴロシ」と、連想するオトを口に出し、苦しまぎれに口から出たとんでもない答えが爆笑を呼ぶ。紳助は笑い転げながら「アッホやなぁ」と言う。紳助が本気でお馬鹿タレントたちを愚弄嘲笑しているのではないことは明らかである。彼は本心では、「違うぞぉ、おまえらはほんまのアホちゃうぞぉ、ほんまのアホならここまでしゃべられへん。こんだけしゃべれるおまえらは立派に生きとるんやぞ」と思っているのだ。そして、お馬鹿タレントと呼ばれる彼ら彼女らは司会者である島田紳助が、そう思ってくれていることを理解している。

紳助が『ヘキサゴン』でお馬鹿タレントたちの笑いを借りて投げかけた問いとは、「難しい漢字が読み書きできることは、賢いことである」という常識に対する疑義である。さらには、「知っているということは、人として偉いと言えることなのか」という問いなのであり、「知識とは人生にとって何なのか」という優れて本質的な問いである。これが、お笑い芸人の「生活思想性」というものなのだ。

私たちは「ことば」を話して暮らしている。「文字」は人間が人工的に発明して作り上げたものである。教育で学ぶものだから、学習にかける時間と労力と経済力によって差ができる。だから「文字」はその知識量の多少によって必ず格差を生み出してしまう。日本の社会は「知識の多少」によって社会的格差を作ってきた。しかし、「文字の知識」と人生を生きる「ことばの智恵」とはほとんど関係がない。

時代劇で、長屋のおかみさんが、橋のたもとの高札を見て、「おさむらいさん、あたしゃむがくでじがよめないから、なんてかいてあるのかよんでおくれでないかい」という場面がある。この無学で字が読めないおかみさんが子を産み育て、「ことば」を教え、生きることを教えてきた。その生活の連綿の結果、今の私たちが日本語をしゃべって暮らしている。決して、難しい漢字や四文字熟語やカタカナ英語を使いこなす文化人や知識人が「ことば」を伝えるのではない。『ヘキサゴン』でお馬鹿女性タレントと呼ばれていた里田まいもスザンヌも木下優樹菜も母となった。彼女らはきっと多くの活き活きとした「ことば」を子どもに教える母になるだろう。お馬鹿男性タレントと呼ばれていたつるの剛士と野久保直樹と上地雄輔の三人組を「羞恥心」と名付けてトリオデビューさせたとき、島田紳助は知ってか知らずか、ジャン・ジャック・ルソーの「羞恥心とは社会制度の産物である」という考えを正確に体現していた（『ルソー全集・第八巻』「ダランベール氏への手紙」白水社）。

『クイズ・ヘキサゴン』は、知識最下層と思われていたお馬鹿タレントたちの「話すことば」が、いかに活き活きと面白いものであるかを私たちに示してくれた。お馬鹿と呼ばれた彼ら彼女らが『ヘキサゴン』のなかで発した珍解答は、「未曾有」を「みぞうゆう」と言い、「踏襲」を「ふしゅう」と言った元首相を象徴とする「知識のエリート」たちに対する、お笑い芸人からの強烈な揶揄にほかならない。知識量を争うクイズ番組に出て、さかしらに四文字熟語の語源解説をする学者よりも、お笑い芸人のほうがよほど「言語の本質」に迫っている。「ことば」にとって重要なのは「知識」ではなく「意識」である。

◇『行列のできる法律相談所』の弁護士

『行列のできる法律相談所』は、NTV日本テレビで日曜の夜九時から放送されているトーク・バラエティ番組である。恋愛や離婚や、近隣や会社内でのトラブルなど、日常で起こりそうな法律問題をテーマにして、ひな段にすわるタレントたちがトークをする。その結果を受けて、四人の弁護士が相談についてのその弁護士なりの判断を下す、という内容で、島田紳助は相談所長という設定の司会者役であった。二〇一一年に紳助が降板したあとは、明石家さんまや今田耕司や東野幸治らが持ち回りで司会をつとめているが、相変わらず視聴率番組表の上位に名をつらねている。この番組の意図していたところを、島田紳助が司会をしていた頃から振り返って探ってみる。

「行列」の面白さは、入口として提示される法律相談などそっちのけでタレントたちが繰り広げる脱線トークにある。司会の紳助のトークに引き出されて、磯野貴理子や石田純一や東野幸治らの出演者が、生活の秘密話しや芸能界の暴露話しを次から次へとしゃべり、時には弁護士たちもそんな話に巻き込まれてしまう。結果として下される法律判断は、四人の弁護士で見解の分かれる場合が多い。

それでは『行列』の特徴と志向性はどこにあるのか。それは「法律」と「弁護士」である。「法律」

は本来が私たち一般民衆の生活に密着した規範であるはずなのに、今や私たちの生活からとても離れた高みに遊離してしまっている。「法律」の文章や用語は、私たち民衆にとってとてもわかりにくい難解なものだ。「法律の言葉」は、もはや「ジャルゴン（符牒《ふちょう》）」――その業界だけで通用する特殊な用語――になっていると言ってよいだろう。そして「弁護士」は、その難解な「法律の言葉」に精通した「知的エリート」である。日本で最も難しいとされる司法試験に合格し、誰もが「賢い人」だと認める「弁護士」という社会的地位を獲得したエリートである。その「法律」と「弁護士」を相手に紳助は、「せんせぇ、それ違うわぁ、それ法律がおかしいわぁ」と言い、「わしら、そんなこと考えて生きてへんもんなぁ」と言う。浮気が見つかって離婚問題になりそうなときは、法律など関係なく、「あれっ、ここはどこ、私は誰？」「今おまえが見てるのは夢や、夢や、夢やぞぉ」などと笑いで誤魔化すテクニックを披歴する。

『行列ができる法律相談所』は、難解な「法律」の世界を庶民の生活感覚に近づけてわかりやすく解説する、という当初の意図を大きく超えた。島田紳助が意図したところは、「法律」を庶民の生活感で相対化し、「弁護士」をタレントたちの言語空間に引き下ろすことである。そのために紳助は、『行列』では他の番組より一段と過激なシモネタや暴露話しをしゃべった。また、「弁護士」たちが功成り名を遂げるまでの苦労した青春時代を取り上げたり、彼ら彼女らの家庭生活を取り上げたりすることで、その人間味を庶民に近づけようとした。それらの手法が紳助の計算にもとづいていたことを読み取るべきである。

こうして『クイズ・ヘキサゴン』と『行列のできる法律相談所』を並べてみると、島田紳助という「お笑い芸人」のなかで両番組が表裏をなしていることが見えてくる。『ヘキサゴン』では、知識最下層と思われている「お馬鹿タレント」から生まれる「笑い」を通して「知識」の価値を問おうとした。『行列』では知識最上層である「弁護士」を巻き込んで生まれる「笑い」を通して「法律」という「規範」の価値を問おうとした。いずれも、日本社会において「常識」となっている価値観に対して、「ことば」を使って暮らす生活者」の視点からの鋭い批評性を持っている。

素人であること、何も知らないことは、マイナスなんかじゃない。それは経験者が絶対に手にすることができない、強力な武器である。（島田紳助『ご飯を大盛りにするオバチャンの店は必ず繁盛する』）

島田紳助は、既成の常識に対して素人の「ことばと生活」の視点から疑義を発した。紳助降板ののち、『行列』は経年によって徐々に変化をしているが、盟友である明石家さんまや後輩である今田耕司と東野幸治らが番組の基本を崩さないのは、彼らと制作者たちが島田紳助という優れた「お笑い芸人」に対して抱いている「頌歌《オマージュ》」の現れだと、私は考えている。

◎「政治家・橋下徹」を誕生させたもの

「法律の言葉」が今ではすっかり「ジャルゴン（符牒《ふちょう》）」――その業界だけで通用する特殊な用語――と化していることを述べた。同様に、もしくはそれ以上に「ジャルゴン」と化しているのが「政治の言葉」である。政治家の言葉や官僚の言葉や、それを伝えるマスコミの言葉も私たち一般民衆にはとてもわかりにくい。「政治の言葉」には難しい漢語やカタカナ英語が溢れている。「危機管理」、「コンプライアンス」、「ガバナンス」、さらには「先生方にはすでにご案内のように、お手元の資料によりますと」などと一般人には意味不明の形だけ馬鹿丁寧な役人言葉もある。まさしく、言語明瞭・意味不明瞭の「ことば・言葉」に満ちている。お笑い芸人たちは、このような一見とても立派だが内容空疎でこなれていない言葉を嫌う。観客や視聴者の誰にでもわかる平明な「生活ことば」でなければ「笑い」を獲ることができないからである。お笑い芸人ならば、「危機管理」は「もしものときにどないすんねん」、「コンプライアンス（法令遵守）」は「いやでも法律は守らなあかんやろ、」「ガバナンス（企業統治）」なら「責任者をはっきりさせろよ」と言うだろうし、「すでにご案内のように」は「あらかじめ資料を配っておきましたが」や「もう知っていらっしゃると思いますが」となるだろう。

「政治」を難解な言葉で語るのではなく平明な言葉で語るほうがより良い、ということは政治業界の常識に縛られない素人の発想からすれば簡単で合理的な理屈である。「政治の言葉」を難解にしているのは、「政治」は高級なものであり、高級なものは「高級な言葉」でないと語れない、と考えている人間たちがいるからである。そして、民衆にはわかりにくい高級な「政治の言葉」を使いこなせる人たち――国会議員や地方議員や官僚やマスコミ人――が、「政治」に参加する資格があるのは自分たちだけだ、という間違った言語エリート意識をもっているからである。

業界の常識に縛られない素人の素直な発想は、しばしば物事の本質を突く。例えば「大阪の議会ではなんで関西弁でしゃべらへんのやろ」という疑問である。この素朴な疑問には、日本の政治空間や言語空間の歪みが濃縮されている。「行列のできる法律相談所」に込められた紳助の意図に共感して、政治を一般民衆の「生活ことば」で語ろう、と橋下徹が考えたときに「政治家・橋下徹」が誕生したのである。弁護士・橋下徹に地方政治家の道を勧めたのが島田紳助とやしきたかじんであった、という経緯はこう読み解くことによってはじめて理解できる。やしきたかじん（家舗隆仁）は関西において「しゃべくる歌手」として格別の位置を占めたタレントで、『たかじんのそこまで言って委員会』（よみうりテレビ）などの番組で高い人気を誇っていた。

「橋下徹の政治」が意図したものは、何よりも私たちの生活から遊離した政治や地方自治を、町のオッチャンやオバチャンにもわかる「生活のことば」で語ろうとしたことである。橋下の選挙戦での初演説は、

子ども五人連れてスーパーへ買い物に行ったんですわ。さあ買い物となったら五人が一斉にあっちこっちと売り場へ行って物を買うてきました。それぞれが好きな物を取ってきたから籠はてんでんばらばら

こ盛り。レジに並んだら、四〇〇〇円、僕の財布の中身は三〇〇〇円しかない。一〇〇〇円ほどはつらなければいけない。さあ、どうやって削るか。八八〇万都市、三兆円の予算、大阪府政も一緒なんですわ。（強調は引用者）

であった。政策内容云々の以前に、少なくとも一般民衆にもわかる「生活ことば」だったことは確かである。府知事になってからも、「破産会社の従業員であるとの認識をもってください」（府知事就任挨拶より）、「ぼったくりバーみたいな請求書だ」（公共事業の地元負担について）と続いた。橋下が民衆に受け入れられた要因は、「これまでの政治家とは違って、言葉がわかりやすかった」からであることは間違いない（二〇一五年一二月一九日・退任時の『読売新聞』での各地インタビューより）。

　これに対して、一般民衆にはわかりにくい「政治の言葉」を使うことによって政治業界で地位を得てきた人たちは一斉に反発した。地方議員、国会議員、役人たち、そして既存のメディア従事者たち――つまり、言語エリート意識にもとづく「エスタブリッシュメント（既存の支配階層）」である。彼らの主張は「政治家なら政治家らしいことばを使え」で共通している。つまり、「自分の「土俵」にあがらせて、あいてに自分たちの「しきたり」どおり、ふるまうことを当然視する優位集団や選良」の論理である（ましこ・ひでのり『ことばの政治社会学』）。先頭に立って「橋下徹の政治」を批判したのが、最も言語エリート意識の強い『朝日新聞』であったという事実は現代日本社会の言語状況を端的に物語っている。もちろん政治であるから、その内容たる「政策」についての賛否や論争があるのは当然であるが、私たちにもっと必要なのは「政治をわかりやすく語ることば」であろう。「政治の言葉」を「生活のことば」に変えようとした先駆者として東国原《ひがしこくばる》英夫《ひでお》（芸名・そのまんま東）も忘れてはいけない存在である。東国原は、宮崎県知事に就任した際の県議会演説で「宮崎をどげんかせんないかんのです」と言った。さかのぼってみれば、かつて国会においても堂々と東北弁訛りで質問をする佐々木更三という社会党委員長がいたし、かの田中角栄も新潟訛りを隠そうなどとはしなかった。

「生活ことば」で語れない「政治」などない。地方議会から国政に至るまで、日本の「政治」というシステムを変えるためには、システムの表象である「ことば」が変わらなければならない。「橋下政治」の八年間は終わったが、「橋下徹の政治」行為が「ことば」という点において日本の政治の潮流に与えた影響は無視できないものがある。

東国原英夫がビートたけしの一番弟子であり、「政治家・橋下徹」を生み出した源流が、「行列のできる法律相談所」という一つのバラエティ番組に内包されていた「生活思想性」であった、ということに気付くとき、私たちは「たかがお笑い芸人」を馬鹿にしてはいけないのだと思い知らされるのである。

◇明石家さんまの身体言語

ビートたけしと島田紳助が、自覚的な「言語観」と「生活思想」をもった「お笑い芸人」であることを述べてきた。たけしや紳助と明石家さんまとの違いは、「生活思想性」を顕わにして「笑い」にするか、「生活思想性」を顕わにせずに「笑い」にするかである。三者において「笑い」と「ことば」と「生活」の現し方は異なるが、それぞれに深い思慮と長い鍛錬にもとづいた卓越した技芸から成立している。

明石家さんまについて語られた言説の多くが、その話術のテクニックを論じているが、そのような言説はまったくと言っていいほど意味をなさない。さんまの技芸は、彼が一生をかけて身に付けたものであり、彼以外の人間がそれを一朝一夕にして真似できるようなものではない。「お笑い芸人」は、実社会の価値観とは転倒した人生を生きる者たちである。野菜も作らないし、魚も獲らないし、食器ひとつ作りはしない。政治や経済や実業の世界からすれば意味のないようなことに、必死の努力を繰り返す。そんな彼らの編み出した「笑芸」が、実社会で生きる人々に、ひとときの笑いとやすらぎを与えて、再び実社会で働く活力を取り戻してくれる。私たちにできることは、彼ら「お笑い芸人」が身を削って編み出した「笑い」が照らし出すもの――別の視点から見る実社会の姿――を読み取る努力をすることだけである。

明石家さんまが、その「笑い」を通して私たちに提示しているものは「ことばの身体性」である。「ことば」の本質としての「身体性」である。それは優れて「社会言語学」的であり「脳科学」的であり「進化人類学」的な問題である。彼の「笑い」が照射しているのは「身体性を失ったことば・言葉」に溢れている日本社会の姿ではないだろうか。

明石家さんまは、その身体のすべてを使って「ことば」を発している。「ことば」を発する、とは音声器官を使って「オト」を出すだけではなく、顔の表情であり、身振りであり、手振りであり、指さしであり、足踏みである。さんまは全身を使って「話す」と同時に、やはり全身を使って相手の「ことば」を聞いている。良く「話す」ためには、良く「聞く」ことが前提として必要である。「ことば」の本質とは、ヒトが「気持ち」のやりとり（情緒の交換）をして「意味」を伝える（情報の伝達）ところにある。それは、とても身体的なことである。そして、それこそが私たち現代の日本人が最もおろそかにしてきたことである。学校教育は「読み・書き」を中心に教えて「聞く・話す」を教えない。実社会に出ても、「書類」が第一で、「会話」は二の次である。しかし、人間の生活を素直に考えれば、「聞く」があって「話す」があり、ずいぶん遅れて「読む」があって「書く」がある。

例として、ひとり対ひとりトークのテレビ番組『さんまのまんま』を見れば、「ことば」についての明石家さんまの基本姿勢がとてもよくわかる。左半身になって、身を乗り出し、大きく眼を見開いて、「フン」とうなずき、鼻や唇をヒクヒクさせながら、「うん、うん」と相槌を返し、両手を広げて、「うわぁっー」と言い、ソファーに倒れこんだりクッションを抱えて、「ホぅ」、「えーッ」と反応する。口を大きく開けて歯を見せて、手で膝をたたきながら「ヒェッ、ヒェッ、ヒェッ」と引き笑いして、身体全体を前に乗りだして「それぇ、おかしいやろぉ」と発語する。右手の指で左の眉毛をかいたり、左手で頭をかきながら、「ほんで、おまえ、いくつになったん」と発語する。

明石家さんまが、その「笑い」を通して私たちに教えてくれているのは、「ことば」の本質としての「ことばの身体性」にほかならない。さんまについて語られた言説の多くが、「空気感」や「キャラクター」などの単語を使うが、それらの言葉はもっともらしくは聞こえるが具体的な内容のない空疎な単語である。「ことばの身体性」という次元で見てはじめて明石家さんまという「お笑い芸人」の真価が理解できる。「オレは、この身体全身であんたの話を聞くよ、さあ、気楽にしゃべりィ、家族や古い友だちのように話そうや」と、相手の心身をほぐして日常感をかもしだす、これが「空気感」というものの内実である。「ヘェーッ、そんなこと、あるんかいな、ウッソみたいやなァ、はッはッはァ」と、相手に対して素直に全身で反応する、これが「キャラクター（性格）」というものの内実である。何気なく見える明石家さんまの身体反応には、日々の暮らしで使う「生活ことば」が人間にとって自然で強い「ことば」であり、日々の暮らしという「日常生活」のなかに無尽蔵な「笑いのネタ」があるのだ、という確かな言語観としたたかな戦略が埋め込まれている。

◇「お笑い芸人」の冥界性

つねに身体全体を使って「聞いたり話したり」することが、天性の資質だけでできるはずがない。芸能の世界とは、資質だけで第一線に立てるような柔な世界ではない。明石家さんまを評して、「お笑いのエリート」だとか「挫折を知らない芸人」だとか言う人がいるが、それは「芸能」というものの冥界的性質と、「お笑い芸人」というものの異形的心性に触れたことのない人の皮相的な見方である。「ことば」と「生活」について考える、という本書の目的からは少しそれるが、「ことば」を使って「笑い」を産むことを生業としている「お笑い芸人」の心性について考えることは無駄ではないだろう。ここでは、島田紳助と明石家さんまという稀代の二人の「お笑い芸人」の資質の違いと、二人に共通している優れた言語意識を、残存している資料と関係者への聞き取りと筆者の共有体験をもとにしてたどってみる。

さんまと紳助は、一九七四(昭和四九)年のほぼ同じ時期に吉本興業に入った。二人は若いときから長い時間を共に過ごした仲で、友人であると同時にライバルである。「お笑い界いうんは、笑いの甲子園みたいなもんやのぉ。中学や高校で一番おもろかった奴が集まって、そんなかからまた選ばれた奴だけが残るんやもん」。紳助がこう言ったようにお笑いの世界とは、実社会の価値観とは転倒したところで成り立つ世界である。学校社会や実社会でのように、勉強や訓練を重ねただけで上昇できるわけではない。天賦の資質をもとに人の何倍も研究し訓練したうえで、世間の価値観とは違う「何か」を見つけなければならない。それは、実社会を生きている「ふつうの人」には、見えない「何か」である。さんまと紳助は、新人の仕事である吉本新喜劇前後の舞台幕の上げ下げをしながら、当時の看板芸人である、笑福亭仁鶴や横山やすし・西川きよしや、桂三枝らを研究し吸収し尽くした。吉本新喜劇からは、身体を張った芸や、集団芸や、崩し芸を吸収していった。舞台の袖で、何かに気がついたら逐一「それ、記録、記録」とメモを取っていった。

さんまが京都花月で落語の初舞台に上がっているところを、吉本興業の若手社員である佐敷慎次《さじきしんじ》が見ていた。当時の吉本興業では今のようなマネージャー制度は確立されておらず、制作部の社員が複数の中堅芸人や若手芸人を共同で見守り管理してゆくというシステム形態をとっていた。いわばゆるやかなプロデューサーシステムであり、基本的には芸人たちの自助努力による成長を待つというシステムであった。

一〇日間の舞台が終わったときに、佐敷は若手落語家である明石家さんまを落語というスタイルから外したほうがいいのではないかと考えた。その理由について佐敷は「落語が下手なんとはちゃうんです。きっちりやっとるんです。きっちりしすぎとるんです。これ、このまま落語やってったら、ちいそうにできあがってまうなぁ、思ぅて」と語っている。さんまの師匠である笑福亭松之助は、新喜劇などでは自由で奔放な芸風に見えるが、こと落語に関しては謹厳で知られていた。佐敷は梅田花月に出向いて、反対されることを覚悟して松之助に「師匠、さんまでっけど、あれ、羽織で座りやのうて、立たせたらあきまへんか」と頼んだら「あぁ、あれなぁ、立つなと寝るなと転がるなと、好きにしたらえぇがな」と松之助が答えた。松之助の答えを佐敷がさんまに伝えると、さんまは「やったぁ」と小躍りした（二〇一六年二月佐敷慎次インタビューなどによる）。この瞬間、「お笑いタレント明石家さんま」が誕生した。さんま、佐敷、松之助、三人のやりとりのなかには一般的な言語化を超えた「芸能」というものの不思議な性質が隠されている。

佐敷は、さんまを「ミラーボールのさんま」と呼んだ。その意味は、「強い光が当たったら強い光を返す、弱い光が当たったら弱い光を返す」である。ただしミラーボールは廻り続けなければならない。資質だけでできるような決して楽な精神作業ではない、との意味も含んでいる。同時に佐敷は、同僚や部下の制作部員たちに、さんまと紳助を二人同時に使うな、と指示した。その理由は、「さんまと紳助、二人一緒にやったら、絶対爆笑は獲れます。せやけど、半年か一年で必ずどっちかが飛んでまうんです」ということだった。「飛んでまう」とは、お笑いの世界から逃走する、という意味である。紳助は別の言い方で、二人の才質の違いを言い表している。

野球で言うたら、さんまは絶対四番バッターですわ、一番二番三番はワシが一人でやりますねん。ワシが一人で塁埋めて、そんでさんまが皆帰す、ですわ。

この判じ物のような比喩を筆者なりに言語化してみれば、島田紳助の資質は優れて「思想家」的な才能であり、明石家さんまの資質は優れて「実践家」的な才能である、ということであろう。二人は相互にお互いの力量を認め資質の相違を理解しあっていた。

さんまは紳助が行う分析と論理化を瞬時にして理解し、紳助はさんまの行う実践に自らの分析と論理化の実証を見た。二人はライバルであると同時にかけがえのない盟友であった。佐敷慎次は、島田紳助と明石家さんまというたぐい稀な「お笑い芸人」の資質と力量をいちはやく見抜いたプロデューサーである。そして吉本興業という興業会社は、佐敷の上に木村政雄や富井義則という優れたプロデューサーたちが割拠してお互いに切磋琢磨しながら、「笑い」と「生活」と「ことば」を生業として取り組んできた職能集団なのである。一九八〇年以降、テレビのなかで多くの「吉本・お笑い芸人」

たちが場を占めているのは偶然や興業界の力学だけによるものではない。

優れた「お笑い芸人」とは、世間の価値観では測ることのできない「物差し」を抱えて、「境界（マージナル）」から実社会を必死になって観察し続ける異形の人間たちのことである。名声と賞賛と高収入の陰には、嫉妬と羨望が満ち満ちている。売れている先輩芸人の不遜、テレビ局社員というメディア権力者の失礼な傲慢さ、才能ある同僚たちとのせめぎ合い。多くの才能が脱落してゆき、なかには非業の死を遂げる者もいる。それらを目のあたりにしながら、研鑽を続ける。そのうえに、思わぬ出来事が幸運となる。明石家さんまで言えば、『ひょうきん族』で当初のキャスティングであった高田純次が急病で入院したこと。一九八五（昭和六〇）年八月一二日に、東京・大阪の最終便、JAL123便に乗る予定のところを一便前の飛行機に乗り換えたため、死者五二〇名を出した日航機墜落事故という惨事を免れたこと。一つの幸運の背後には、必ず多くの不運と悲運が隠されている。それらをすべて背負って明石家さんまの「生きてるだけで、まるもうけ」という言葉がある。それは軽やかであるが、決して軽々しくはない。

お笑い芸人たちの明るい笑顔の奥には、私たちがうかがい知ることのできないほど暗い「冥界」と「哀しみ」が潜んでいる。それでも「笑い」を生み出してゆく、それが「お笑い芸人を生きる」ということである。彼らの心性は、決して実社会が見るような「健やかな精神」などではない。これより先は、おそらく宗教学や文学の範疇であろう。

◇「装われたことば」を剥がす「明石家さんま弁」

明石家さんまの「ことば」の解析に戻ろう。さんまは和歌山県東牟婁《ひがしむろ》郡古座《こざ》町（現・串本町）生まれの奈良育ちであるが、彼の話す「ことば」はいわゆる「和歌山弁」や「奈良弁」ではなく、杉本高史という一人の人間が生活してきたうえで身に付けた「明石家さんま弁」である。それは、ビートたけしにとって「ビートたけし弁」がそうであるように、島田紳助にとって「島田紳助弁」がそうであるように、明石家さんまにとっての「生活ことば」である。

明石家さんまの芸の本質は「ミラーボール」のようなもの、相手から「何かの光」を引き出してその光を倍にして反射反復するところにある。「光」にあたるものが「ことば」である。その「ことば」は、当然のことながら「身体性」をもった「生活ことば」であるほど強いものであるということは、これまで見てきたところである。人々が日々の暮らしのなかで自然に話す「生活ことば」が最も強くてオモシロイ、ということを熟知しているさんまは、相手を緊張させずに「ふだんどおり」に話せるように渾身の努力を払う。相手から自然な「生活ことば」を引き出すためには、まずこちらが自然な「生活ことば」を使わなければならない。「ことば」についての明石家さんまの考えは、「お笑い芸人」以外の異業種のゲスト出場者と対面するときに最もよく表出される。

人の脳はとてもよくできていて、相手の発する「ことば」の社会言語的レベルに即座に対応する。プロ野球のヒーローインタビューを例にとってみよう。局アナが、お立ち台に上がってきた選手にインタビューするとき、「放送席、放送席、こちらヒーローインタビューです。逆転サヨナラホームランを打った○○選手です。○○さん、今のお気持ちはいかがですか？」と聞く。そうすると選手は、「はい、大変嬉しく思います」と答える。日本のスポーツ番組における選手インタビューが面白くない理由はここにある。インタビューをする局のアナウンサーが「アナウンサー標準語」という不自然な「装われたことば」で聞くから、選手のほうもふだん使わないような「ことば」で応じてしまう。アメリカ大リーグではこうはならない。「ジョー、すごいなぁ、逆転だぜ、サヨナラだぜ」と話しかけるから、「いやぁ、まぐれだなぁ、何がくるかわからなかったから、せーのぉドンと振ったら当たったよぉ、ラッキーだった」と返せる。そしてスタンドにいる家族に向かって、「マリー、パパちゃんと打ったよ、誕生日プレゼントだよ」と続き、「じゃあ家に帰ったら今夜はお祝いパーティだね」とインタビュアーが軽口をきき、球場全体が笑いと拍手に包まれる。実生活での「ことば」の機能をよくわかっているさんまは、若いときから欧米のスポーツ番組を熟視して研究してきた。それは好きな野球やサッカーの試合内容を見るにとどまらず、試合後のインタビューにまで及んでいた。だから、これまでスポーツ番組でアナウンサー標準語で対応を迫られていた日本の野球選手やサッカー選手たちに「生活ことば」で会話をすることによって、彼らの活き活きとした「ことば」を引き出すことができるのだ。選手だって、緊張して「大変嬉しく思います」と答えるより、「いやぁ、メッチャ嬉しいですよぉ、まだ心臓バクバクしてますわぁ」と気楽に応じたいだろう。

　さんまのトーク番組は、『夫婦善哉』や『プロポーズ大作戦』などのかつての視聴者参加番組における「素人出場者」を、「それぞれの分野では有名人だがテレビ出演者としては素人」に置き替えて成立させている。その出演者としてふさわしい資格は、視聴者が「プロとしての面」は知っているが「生活者としての面」は知らない人たちである。演技派の性格俳優、グラビアアイドル、モデル、元プロボクサー、元野球選手、音楽家といった人たちがそうである。さんまは、これまで「装われたことば」でメディアに登場していた人たちから「生活ことば」によって「生活」を引き出したのである。

さんまと紳助は関西弁が東京のメディアで受け入れられるようになるまで懸命に努力を重ねた。アクセントやイントネーションは譲れないが、単語の言い替えは「ことば」にとって、さほど本質的なものではないから、かまわない。さんまと紳助はよくこういう会話をしていた。「「ほかす」は東京では通じへんから、「捨てる」やな、ステル、ステル、ステル」「「自分」って関西人同士なら、相手ってわかるけど、そうやないときは「あんた」かな、「自分」って指出して言うたらわかるな、アンタ、ジブン、アンタ」。しかし、さんまも紳助も「標準語＝東京語」に迎合することなく、自分の「生活ことば」を使い続けた。

島田紳助と明石家さんまの「関西弁」にビートたけしが「東京下町弁」で加わって、「標準語VS生活ことば」の共闘戦線の隊列ができたことは先述したとおりである。さんまは、自分をさらけ出して、自分だけの「生活ことば」である「明石家さんま弁」を使い続けることで、それまでテレビに「装われたことば」で登場せざるをえなかった人たちの「ことばの鎧」を剥がすための闘いを続けているのである。ビートたけしと島田紳助は、自分自身の体験と感覚に裏付けられた「生活ことば」で、「思想性」を持った笑いを強く自己主張する。たけしの標的は、近代日本のあらゆる価値規範であり、紳助の標的は、現代日本のエスタブリッシュメントであった。さんまは、自分自身の体験と感覚に裏付けられた「生活ことば」で、相手の「生活ことば」を引き出して、生活のなかに潜む「日常生活の価値観」を相対化する。だから素材は恋愛であり、夫婦であり、親子であり、家庭なのである。明石家さんまの「笑い」は優れて「思想的」である。日常の立居ふるまいにかかわる、という意味で「生活思想的」と言ってよい。

◇『踊るさんま御殿』に見る、明石家さんまの生活思想性

『さんまVS東大生40人』という番組で、出場者のある東大生が、「さんまさんは、政治や社会のことを語らないから好きです」と言い、それに対してさんまは、「そうやなぁ、オレ、社会のことなんか言わへんもんなぁ」と苦笑していた。残念ながら、この東大生の見方は皮相的にすぎると言わざるをえない。政治家や新聞論説が語ることだけが「政治」ではなく、ニュースや新聞社会面が扱うことだけが「社会」ではない。「政治」も「社会」も私たちの日々の暮らしから遊離した遠いところにあるものではなく、家庭の食卓や恋愛関係や会社での会話に溶けて沁み込んでいるものこそが「政治」であり「社会」であるからである。明石家さんまは、きわめて戦略的に「社会のことなんか言わへんもんなぁ」とふるまっているのである。それでは、さんまの「生活思想性」とはどのようなものなのかを探ってみよう。

『踊る！ さんま御殿』（日本テレビ・火曜夜八時〜九時）は、さんまの集団トークを代表する番組で

ある。一回につき「ブサイク女子VS美女」や「貧乏タレント」など「〇〇タレント」というくくりの出演者が一〇人〜一五人ほど出演して、いくつかのお題VTRの提示を受けて、自分の経験談などを話す。お題の例としては、「はじめてのデートで、男性から言われたくないひとこと」「家庭で見たくない妻のそぶり」など、誰もが日常生活で「あるある」と感じるような事柄や、実際に体験した話を聞いて笑いながら、生活のなかに潜んでいるさまざまな価値観に気付かせてくれる。

例として、「沖縄出身の芸能人SP」（二〇一五年九月一日放送）を取り上げる。この回の出演者は、今井絵理子（元SPEED、歌手）、具志堅用高（元プロボクサー）、ISSA（歌手）、ガレッジセール・ゴリ&川田（お笑い芸人）、仲宗根梨乃（ジャネット・ジャクソンの振付など世界で活躍するダンサー）らの沖縄出身者に加えて、宮本亜門（演出家、沖縄に移住している）、田中律子（女優、沖縄に別荘を持っていて通い暮らしをしている）らの一三人であった。出されたお題の一つが「東京の生活にいまだになじめないこと」であり、例題VTRの内容は「洋服を買いに行くとショップの店員が、「チョー、似合ってるぅ」とか、「トップス探してんの？　だったら、それオススメだからぁ、このスカート合わせたら絶対似合うからァ」とか、タメ口でしゃべってくること」というものだった。これは沖縄出身者だけではなく他の地方出身者にも当てはまるテーマであるが、それを受けてスタジオの会話が弾んだ。

「東京にいる人は、みんな、しっかりしてる。沖縄出の私たちは劣等感を抱く」「沖縄人は、みんな隙だらけ、具志堅さんなんか世界チャンピオンなのに会話できない」「東京では、行列のできる店にみんなが並ぶけど、私たちは並べない、並びたくない」「沖縄では約束の時間に二時間遅れても平気だ、のんびりしている」「東京は、電車が三分おきにちゃんと来るけど、沖縄はバスが時間どおりになんか来ないし、バス来たら手をあげないと止まらないょ。バス停にはオジィオバァが座って話して、乗りたい人は手あげるのょ、でないと素通りしてしまうょ」（―線部にアクセントがある）。明石家さんまは、「ヒェーッ」と笑って水を向ける。

「沖縄って、離婚率、出生率、失業率、ナンバーワンなんやろォ」。これに沖縄出身の芸能人たちが答えて「仕事はあるのよ、だけど自分に合わないからって男は働かないのょ。その分、オバァが頑張って働くのょ。だから沖縄でオバァはエライのよ」「高速道路で、オジィオバァは時速二〇キロから三〇キロで走るの、トロトロ。だけど誰もそれ追い抜かないの、後ろについてトロトロ」。これらに対してさんまは笑いながら言う、「それおかしいわぁ、沖縄やり直さなあかんわぁ」「オレ、やっぱ、沖縄にはよう住まんわぁ」（強調は引用者）。

一見、沖縄を笑っているように見えるが、実はさんまが「笑いに紛らわせて」気付かせようとしているものは、「一方で時間の正確さや精密さを要求しながら、飲食店での行列には並んで時間を費やす不思議さを感じない」東京人の生活感覚であり、「オジィ、オバァ、長く生きて頑張ってきた年寄りに対する敬意を忘れた」東京人の人生感覚である。本当に「やり直さなあかん」のは、都会人・東京人のほうではないのか、と明石家さんまは笑いながら言っているのである。ここに、明石家さんまという「お笑い芸人」の批評性がある。私たちが無意識にふるまっている日常の生活感覚を撃つ、優れた「生活思想」である。それを、「オレ、やっぱ、沖縄にはよう住まんわぁ」と笑いながら結語するのが明石家さんまなりの表現の仕方なのである。紳助だったら、「沖縄好きやわぁ、のんびりしててええでぇ」と言うかも知れない。たけしだったら、「東京人なんて、三代前はみな田舎者だっつうの」と言うかも知れない。各芸人のスタイルとは、その「生活思想性」の発露の違い、である。

◎たけし・紳助・さんまのテレビにおける言語革命

ビートたけし、島田紳助、明石家さんまらが一九八〇年代から九〇年代にかけて「テレビのなかのことば」の変容をもたらした。彼らは、「標準語=標準語近似値としての東京語」に一極集中化されようとしていたテレビの言語空間に「生活ことば」を持ち込み、徐々にその空間を広げようとしてきた。当初は「お笑いバラエティ」から始まった「ことば」の闘いは、トークバラエティや情報バラエティへと次第にその空間面積を広げてゆき、今ではかなりの番組で「生活ことば」が通用するまでになった。たけしや紳助やさんまらが切り開いた言語空間に、後続の「お笑い芸人」たちが位置を占め、いまでは一〇〇人を超える「お笑い芸人」たちがテレビの出演者として存在している。しかし、「テレビのことば」の総量で見るならば、いまだに「生活ことば」の占める面積はわずかでしかない。テレビの出演者の圧倒的多数は現在でも「標準語=東京語」の話者である。それは、日本社会全体を覆っている「標準化」の思想がそれほどまでに堅固なものであり、「東京一極集中」の社会経済構造がそれほどまでに強い現実であり、教育システムが「ことば」についての変わらぬ価値規範を再生産し続けていることの結果である。

島田紳助や明石家さんまたちの活躍によってある程度拡大された「生活ことば」の領域で考えても、三〇年間で一応の市民権を得たのは「関西弁訛りの生活ことば」だけである。現在までも「東北弁訛りの生活ことば」や「名古屋弁訛りの生活ことば」や「沖縄語訛りの生活ことば」は、テレビのなかですら正当な市民権を得てはいない。テレビの世界においてすらそうであるということは、実社会の産業社会においてはなおさらであろう。「東北弁訛り」の話者や、「名古屋弁訛り」の話者や、「沖縄語訛り」の話者は、「東京」では合理的理由のない劣等感を抱かされて生活している。「うちの社の標準語は関西弁やで、でもまぁ何弁でも安心してしゃべりやぁ」と言ってくれる東京の会社はおそらく吉本興業だけであろう。こうしてみると、ロラン・バルトが言うように、「同じ一つの言語の内部において、人々がいくつもの言語をもつことが望ましい」(バルト『文学の記号学』)という状態にはほど遠いのである。ビートたけしや島田紳助や明石家さんまらが提起した、「ことば」と「生活」をめぐる闘いはいまだに続いているのである。

第三章では、今なお継続中である「ことば」と「生活」をめぐる闘いが現在のテレビの番組のなかでどのような様相を呈しているのかを見てゆく。

第三章　現在のテレビに見る「生活ことば」の闘いの様相

一九八〇年代から九〇年代にかけて、ビートたけしや島田紳助や明石家さんまらの活躍が「テレビのことば」を大きく変えた。それは、単なる「笑いのテクニック」という次元の問題ではなく、テレビ番組を組成している「ことば」の問題であり、いわば「笑い」に包まれた賑やかな地殻変動とも言うべき変化であった。番組を組成している「ことば」の変化は、出演者の使う「ことば」の変化にとどまらず、番組を作る「表現思想」にも少なからぬ影響を及ぼしてきた。なぜなら、「ことば」の背後には必ず「そのことばを使う人の生活」があり、「生活ことば」には「その生活ことばを使う人の生活」があるからだ。「ことば」の変容はテレビ番組の変容をも生んだ、ということである。

その後三十数年が経過するなかで、テレビ番組の盛衰や、人気者の消長や、テレビ局の衰退などの現象は「ことば」を切り口として見たときに、鮮やかな側面を見せるだろう。本章では、いくつかのテレビ番組や、幾人かのタレントや、いくつかの事象を、ケース・スタディとして取り上げる。

◇『秘密のケンミンSHOW』の言語的位置

さんまや紳助の関西弁や、たけしの東京下町弁の「活き活きとしたオモシロさ」に気付くことは、やがて日本全国各地の「生活ことば」のオモシロさや「生活そのもののオモシロさ」に気付くことにつながっていった。政治経済の一極集中した「夢の都会・東京」を相対化させる視点の誕生である。

一九七〇年代から八〇年代にかけてのテレビ番組は、日本全国の平準化と東京一極集中のテレビ的な現れとして「夢の都会・東京」を提示するドラマや番組に収斂されていった。しかし九〇年代以降「東京」を相対化する視点をもった番組が出てくるようになった。それまでは「東京」という優越的な視座から、一段劣った「田舎」を嘲笑という「笑い」で扱っていたテレビ番組制作者たちのなかに、そうではない視座をもった者たちが現れたのである。そういう彼らの「表現思想」を具現化させるのに大きく役に立ったのが、撮影器材の小型化と軽量化だった。専門職としてのカメラマンが重たいカメラを肩に担ぎ、音声担当が大きなミキサー器材を持ち運ぶという時代から、コンパクトなカメラをディレクターが手持ちで撮影できるようになったことは「地方ロケ」を簡易なものに変えた。九〇年代に入ると、東京のテレビスタジオで展開される映像だけでなく、カメラが地方にでかけてゆく「地方ロケ」の素材が増えていった。先駆的な番組として『進め電波少年』(一九九二年開始)があり、『一億人の大質問!笑ってコラえて――日本列島ダーツの旅』(一九九六年開始)がある。両番組がいずれも日本テレビ制作であることは偶然ではないだろう。少なくとも日本テレビには、「東京のテレビスタジオ内の映像」を相対化する視点をもった制作者たちが複数いた、と考えるのが妥当である。

これらの番組の延長線上に『秘密のケンミンSHOW』（日本テレビ系列・木曜日夜九時〜一〇時）がある。放送開始は二〇〇七年で、正式タイトルを『カミングアウトバラエティ！秘密のケンミンSHOW』といい、現在もつねに視聴率ランキングの上位を占めている。四七都道府県別に座ったタレントが、出身各地の食べ物や生活習俗などを取材VTRをもとにしてスタジオトークする。「カミングアウト」という命名が示すように、この番組の制作者たちには、「そうだよ、私らは田舎者だよ、田舎者で何が悪い、田舎は素晴らしいじゃないか」という、多少は自虐的な要素をはらみながらも「都会・東京」を相対化する視点が明確にある。

制作者たちの意図は番組進行の細部においてもしっかりと定まっている。司会は、みのもんたと久本雅美である。みのもんたは東京出身で、ラジオの文化放送アナウンサーの出であり、使うことばはいわゆる「アナウンサー標準語」である。対して久本雅美は大阪出身で劇団WAHAHA本舗に所属し、女子にして過激なトークを展開することを持ち味としており、使うことばは「バリバリの大阪弁」である。そして、ひな段に座る各都道府県出身のタレントや著名人たちは、ふるさと料理の自慢をしたり、ふるさと特有の生活習慣を主張する際には、標準語化されてはいるが「ふるさと訛りの生活ことば」を隠そうとはしない。

青森県——田中義剛　　福島県——梅沢富美男
山形県——あき竹城・渡辺えり　　栃木県——ガッツ石松

茨城県――白石美帆
群馬県――井森美幸・中山秀征
埼玉県――土田晃之
富山県――柴田理恵
静岡県――勝俣州和
愛知県――加藤晴彦・山崎武司
京都府――千原せいじ
大阪府――西川きよし・藤本敏史・ケンドーコバヤシ
鳥取県――江角マキコ・イモトアヤコ
岡山県――次長・課長
広島県――アンガールズ
香川県――高畑淳子
大分県――竹内力
福岡県――陣内孝則
長崎県――蛭子能収
鹿児島県――前園真聖
沖縄県――ガレッジセール・具志堅用高

これら各県出身者のタレントや各界著名人らが堂々と「訛った生活ことば」を使って展開するバラエティ番組は、一九八〇年以降のテレビにおける「ことば」の地殻変動がなければ成立しなかっただろう。また、制作局が東京キー局の日本テレビではなく、大阪のよみうりテレビであることも大きな要因の一つである（番組制作の現場責任はハウフルスという制作会社だが）。社会のなかで優位を占めている集団――この場合にはテレビ界での東京キー局で働く者という意味であるが――には、自らを劣位者と相対化する思考はとてもとりにくいものだからだ。言語に限らず、「差別」というものは、差別している側からは差別されている側のことがよくわからない、という構造をもっている。足を踏んでいる者には、足を踏まれている者の気持ちがわからないものなのだ。

◇「地方の生活ことば」の存在主張

『ケンミンSHOW』で何より大きいのは、「標準語＝東京語」に対して、これまで最も劣等感を抱かされてきた東北弁と沖縄ことばが「生活ことば」としての立場を主張し始めたことである。また、なまじ東京に近いがために近親的劣等感を抱かされてきた、群馬・茨城・埼玉といった北関東の「生活ことば」にも大きな勇気を与えた。

取材VTR中に登場した人たちの「ことば」をあげてみる。

・茨城県民グルメ「けんちんそば」について、那珂湊のお魚屋さん、
「ここらぇはみな、そばが結構有名だべ。野菜なんかもあれだっぺょ、土のなかで育つんだっぺ。里芋はうまいねぇ、けんちんは里芋」
・福島県名物「味噌かんぷら」について、矢祭町のオジサン、
「かんぷら、って何?って言えば、かんぷらだっぺ。ジャガイモとも言うけど、それ方言なんじゃねェ」（二〇一五年九月一七日放送）
・愛知県民グルメ「味噌カツ」について、名古屋ガールズ、
「えっ、えっ、東京行ったら、味噌ないの、うそォ。みんな、味噌カツ、食べやぁや」（二〇一

六年二月一五日放送）
・広島県上下町の農家の奥さん――一日に数本しかバスが来ないことについて、
「そりゃ、乗り遅れんように、早うから準備せんにゃいけんいねぇ」
・青森県鰺ケ沢町の漁師のオバアさん――五分おきにバスが来る東京の時刻表を見て、
「うんっ、そんなにもあんの？　して、こんなにいっぱいバスあって、そんなに乗る人、いんの？」（二〇一五年九月一七日放送「俺たち、チョー田舎県民だョ！　全員集合」）

地方の「生活ことば」の視点から、みごとに「東京」を相対化している。私たち日本人が無自覚に教えられ続けてきた、経済成長と東京一極集中の価値観に対して各地の「生活ことば」が投げかけているものは「生活ローカリズム」への気付きであろう。『ケンミンＳＨＯＷ』は番組最後のエンドロールでは、番組スタッフの氏名に（　）で出身の都道府県名まで入れていることも見逃してはいけない。

『ケンミンＳＨＯＷ』がテレビのなかで果たした言語的役割は大きく、「大阪人のノリツッコミ癖」の抽出など他番組による模倣にさらされているが、番組自身が経年劣化していることも否めない。番組の独自性を意図してであろうが、近年では「群馬弁講座」などのコーナーで、地方の「生活ことば」を実際の言語生活よりもデフォルメして扱うことがしばしば見られる。しかし、それは「ことば」を扱ううえで間違いである。地方の「方言を含んだ生活ことば」も、人々の交流とマスコミの発達により日々変化している。古老しか使わなくなったような「ことば」を標本のように扱うことは、移りゆく「ことば」の実態を見誤ることであり、「標準語＝東京語」からの新たな差別を生み出すことにつながる。言語学者のエウジェニオコセリウが言うように、「うつりゆくこそことばなれ」なのである。（コセリウ『言語変化という問題』岩波文庫）。知識人たちが、今では誰も使わなくなったような「ことば」を「正しい日本語」と言って特権的にふるまうのが誤りであるように、実際の日々の暮らしのなかで使われなくなったような「ことば」を固定標本的に扱うことも誤りである。「ことば」は一般民衆の誰もが、文化的な権威や文法的な誤りなどにとらわれずに自由に使うことによって変化してゆくものなのである。『ケンミンＳＨＯＷ』が、「標準語＝東京語」に対して「生活ことば」を正当な位置に引き上げる役割を果たした番組であるゆえに、間違いに早く気付いてほしいと筆者は考える。

◇「沖縄ことば」

私の「生活ことば」を認めてもらうためには、相手の「生活ことば」も認めなければならない。規範価値である「標準語＝東京語」を相対化して、各地で暮らす各人の「生活ことば」を同価値として認めるところから必然的に「生活ことば」の多元化の連鎖が現れる。関西弁の「お笑い芸人」たちの「生活ことば」に引きずられた形で、博多華丸・大吉の「福岡弁」やガレッジセール川田広樹・ゴリの「沖縄ことば」やアンガールズ田中卓司・山根良顕の「広島弁」などが東京発全国ネットの番組のなかで、少しずつではあるが主張を始めることができるようになった。「標準語＝東京語」の言語的優越性を担保しているものが、東京をピラミッドの頂点とする政治経済の構造による文化的威信であるのに対して、徐々にとはいえ各地の「生活ことば」がテレビにおいて主張を始めたことは大きな意味をもっている。各地の「生活ことば」のなかで、まずは「沖縄ことば」について考えてみる。

沖縄で暮らす人たちが日常の暮らしのなかで話している「ことば」を「琉球語」と呼ぶか「沖縄弁」と呼ぶかは、言語学的な問題であると同時に優れて政治的な問題を含んでいる。「沖縄ことば」は、私たちがふだん何気なく使っている日本語とはアクセントやイントネーションや単語がかなり違っている。これを日本語とは異なる言語としての「琉球語」と位置付けるか、日本語の一方言としての「沖縄弁」と位置付けるかは、「沖縄」の民族的独立性や政治的独立性にかかわる問題である。それは沖縄特有の近代史に由来している。もともと沖縄は琉球王国という独自の国であったものを、明治維新政府が琉球藩として近代日本国家に吸収したものである。そこから沖縄語（ウチナーグチ）は半ば強制的に本土の日本語（ヤマトグチ）に馴化されて、日本標準語化（ウチナーヤマトグチ）されていった。やがて太平洋戦争では最大の被害地になり、その後はアメリカの占領地下におかれ、一九七二年にやっと返還されて現在に至っている。この間、沖縄の人たちは言語的にさまざまな抑圧と葛藤を抱えながら暮らしてきた。

私は言語的には「沖縄ことば」は日本語とは別の「琉球語」であるとの考えを採る者だが、本書ではそこには深く立ち入らずに、現在沖縄で暮らす人たちが日々の暮らしのなかで自然に使っている

「生活ことば」を「沖縄ことば」と呼ぶことにする。もちろん沖縄でも地域的な差異があり、島嶼部ではまた別種の差異があり、世代間でも差異があることをふまえてであるが、本書で考えたいのは近代日本史の経緯からして「標準語」に対して格別の違和感と劣等感を抱かされてきた「沖縄ことば」がどのようにしてマスメディアのなかに登場してきたか、ということである。

◇「沖縄の音楽」の先行的登場

結論を先に言うと、「沖縄ことば」を本土のマスメディアに誘引したのは「沖縄の音楽」と「本土のなかのローカリズム」であった。一九七二年に本土返還されたあと、政府は沖縄の経済復興と本土との意識一体化を図るための施策をほどこした。それが本土復帰記念事業として一九七五年に開催された沖縄国際海洋博覧会（通称・沖縄海洋博）である。田中角栄による「日本列島改造論」の第一弾モデルとしてなされた沖縄海洋博は、開催に先行する公共投資によって沖縄に一時的な活況をもたらしたが、収益が本土資本に収監されるという経済構造をもっていたためにその経済効果は長続きするものではなかった。それよりは七二年から始まったＡＮＡ全日空の沖縄キャンペーンのほうが持続的に沖縄経済の観光産業化による活性化をもたらした。この前後一九七一年には沖縄出身の南沙織が「戦後のアイドル第一号」として全国デビューしたが、彼女の時代にはまだテレビやラジオで「沖縄ことば」を使うには至っていない。南沙織がテレビで話していた「ことば」は入念に訓練された「アイドル標準語」であった。

本土のマスメディアで最初に沖縄の音楽を取り上げたのは、やはり「ローカル放送」だった。大阪の朝日放送ラジオで『おはようパーソナリティ・中村鋭一です』のメインパーソナリティをしていた中村鋭一が返還まもない沖縄に旅行した際に、沖縄で流れていた音楽の「ハイサイおじさん」を耳にして気に入り、レコードを買って大阪に帰りラジオ番組で紹介し始めた。「ハイサイおじさん」は喜《き》納昌吉《なしょうきち》が作詞作曲したもので、その歌詞は次のようなものである。

ハイサイおじさん　ハイサイおじさん
昨夜《ゆうび》ぬ三合ビン小《ぐゎ》　残《ぬく》とんな
残《ぬく》とら我《わ》んに　分《わ》きらんな
ありあり童《わらばー》　いぇー　童《わらばー》
三合ビンぬあたいし　我《わ》んにんかい
残《ぬく》とんで言ゆんな　いぇー　童《わらばー》
あんせおじさん　三合ビンし不足《ふずく》やみせぇーら
一升《いっす》ビン我《わ》んに　呉《くぃ》みせーみ

この曲がラジオで流された時点では、沖縄音楽のリズムとメロディーはわかるが、その歌詞は沖縄語（ウチナーグチ）がわからないと意味がわからないものだったので、「ハイサイおじさん、ハイサイおじさん」という出だしの部分だけが「ことば」としては広がっていった。まだ「生活ことば」としての「沖縄ことば」が本土のマスメディアに登場したとは言えないものだった。

一九七四年に中村鋭一は番組開始三周年の企画として「喜納昌吉&チャンプルーズ」を大阪に呼んでいる。この背景には、大阪の大正区には第一次大戦後以降より沖縄からの移住者が多く住んでおり、大阪で沖縄の音楽が受け入れられやすいという素地もあったと思われる。なお、のちにビートたけしが『オールナイトニッポン』(一九八一年〜一九九〇年)でエンディング曲としてこの「ハイサイおじさん」を使ったという事実には、「生活ことば」に自覚的であったたけしが東京でいちはやく音楽を通して沖縄の「生活ローカリズム」に着目したということを示している。「ハイサイおじさん」は一九八七年には志村けんが『志村けんのだいじょうぶだあ』で「変なオジサン、変なオジサン」と翻案して使ったことでも有名になった。

一九八九年に沖縄出身のＢＥＧＩＮが「恋しくて」で全国メジャーデビューした。その歌詞は次にあげるが、このなかに「沖縄ことば」は入っていない。

恋しくて泣き出した　日々などもう忘れたの
今さらはもどれない　キズつけあった日々が長すぎたの
もどる気はないなんて　ウソをついても笑っても
信じてた　もう一度　もう一度

あの頃の夢の中　ＯＨ

一九九二年には安室奈美恵やＳＰＥＥＤらの沖縄アクターズ勢がデビューするが同様に「沖縄ことば」は用いられていない。

◎映画『ナビィの恋』から朝ドラ『ちゅらさん』へ

「沖縄ことば」より沖縄の音楽が先行して日本の全国メディアに登場してきたのだが、「沖縄ことば」を「生活ことば」としてメディアにはじめて登場させたのは、一九九九年に公開された映画『ナビィの恋』（監督・中江裕司）であった。平良とみ演じる「ナビィおばぁ」や登川誠仁演じる「おじぃ」らを中心に展開される映画のなかで話される「沖縄ことば」と、三線の軽快なリズムに乗ったカチャーシーという踊りが、今現在の「沖縄の暮らし」を等身大に表現していた。

『ナビィの恋』をプロデュースした竹中功（元吉本興業広報部長）は、この映画で使われていた「沖縄ことば」についてその意図を次のように語っている。

> 基地や戦争というイデオロギーを全く入れずに、美しい風景のなかで今を生きている人たちの暮らしを、そのまま描こうと思うたんです。せやから、ことばも音楽も日常生活のまんまでいこう、と。本土の人間にことばがわからいでもええ、と。（二〇一六年一月竹中功インタビュー、強調は引

用者）

続けて竹中は『ナビィの恋』の発想の源に、「東京ローカリズム」と「大阪ローカリズム」の発見があったことを明かした。それは、一九九一年に関東地区限定で発売された情報紙『フロム・エーtoZ』の創刊のためのCMソングのプロデュースの際のことだった、という。リクルート社から依頼を受けた竹中は、CMが関東地区限定であることから逆発想し、関東人がまったく知らないであろう関西芸人の河内家菊水丸を起用して、地方音頭である河内音頭をベースにした「カーキン音頭」を作った。発売日の火曜日と金曜日のアタマをつなげた「カーキン・カーキン・カーキンキン」と歌う「カーキン音頭」はまたたく間に首都圏を席巻して、CM認知度九八・五％――つまり、首都圏で知らない者はいない――というほどの大ヒットとなった。これで「ローカリズムの強靭さ」を認識した竹中が、仕事を通じて喜納昌吉と知り合ったときに、「ふと振り返ると、大阪なんかよりもっとすごいローカリズムをもった沖縄がそこにおったんですわ、これはやるしかないな、と」思ったところから映画『ナビィの恋』は発想されたのである。

『ナビィの恋』は大ヒット作となり、「おジィ、おバァ」（傍線部にアクセント）、「なんくるないさぁ」（何ていうことないさ、何とかなるさ）、という「沖縄ことば」が全国で認知されるようになった。『ナビィの恋』の制作意図は、NHK朝ドラの『ちゅらさん』（二〇〇一年NHK大阪局制作・国仲涼子主演）に引き継がれ、全国に「沖縄ことば」が認知されていった。沖縄出身のお笑い芸人ガレッジセールも、ここから大きく飛躍していった。以上のような経緯を見ると、「関西弁」が「沖縄ことば」を誘い出したと言える。一つの「生活ことば」が別の「生活ことば」を誘引し、一つの「生活ローカリズム」が別の「生活ローカリズム」を誘引したのである。

◎「アイドル標準語」のテレビ内での位相

「沖縄ことば」のマスメディアへの登場をたどるなかで、「戦後アイドル第一号」南沙織についてふれた。ここからは、アイドルの話す「ことば」を考えることにより「テレビのことば」の変化を追ってゆく。

一九八〇年代以降で「お笑い芸人」がテレビに出演する面積が増えた分、減っていったものがあったはずだ。町を歩いていて新しい建物ができているのを見て、そこにもとはどんな建物があったかを思い出すことが難しいように、いったん消えてなくなったものは把握しづらいものだ。「お笑い芸人」の出演面積の増加にともなって退潮したテレビ番組は、「歌番組」と「ドラマ」と「プロ野球中継」である。かつてはどのテレビ局にも必ず「歌番組」があったものだ。「ドラマ」もたくさんあった。三〇分ものの吹き替え海外ドラマから、時代劇やホームドラマまで、夜の八時台九時台一〇時台とドラマが三本連続して並んでいる編成も珍しくはなかった。春から秋にかけての夜時間は、巨人戦をメインにしたプロ野球中継が日本中のお茶の間の中心にあった。これらの番組から流れていた「ことば」は、歌手や俳優やアナウンサーの話す「標準語＝東京語」であった。つまり、テレビから流れている「ことば」の総量で考えれば、お笑い芸人たちの「ことば」は「標準語＝東京語」を少しずつ追いやったのである。

「歌番組」の盛衰を見てみよう（六〇－六一頁の図1－3、1－4を参照）。NTV日本テレビには『紅白歌のベストテン』から『ザ・トップテン』があり、TBS東京放送には『ロッテ歌のアルバム』や『ザ・ベストテン』があり、フジテレビには『夜のヒットスタジオ』があり、テレビ朝日には『ベスト30歌謡曲』があり、NHKには『歌のビッグステージ』や『レッツゴーヤング』などがあった。それ以外のいろいろな番組でも「歌のコーナー」が設定されていて、テレビのなかで「歌手」の占める位置はとても大きなものだった。そして例外なく「歌手」たちは「標準語＝東京語」で話していた。特にアイドル歌手たちは「標準語＝東京語」で話していた。よく考えてみれば不思議な現象なのだが、多くの人はその不自然さに気が付かなかった。高校を卒業するまではたしかに地方の田舎にいた人のはずなのに、テレビに出演してしゃべっているのを聞いていると、そのアイドルはあたかも生まれながらの東京育ちのような「ことば」でしゃべっていた。故郷の幼なじみの立場に身を置いてみるとよくわかるだろう。一年前まで同じ町に住んでいて、同じ教室で机を並べて、私たちと同じようにしゃべっていた「あの子」とはまるで別人のようだ。東京に出たら、あんなに垢ぬけてオシャレになるのだろうか。この素朴な違和感が「ことば」と「生活」を考える際に大切なことなのだ。

一九七一年に「17才」でデビューした南沙織は沖縄生まれの沖縄育ちである。常識的に考えて、沖縄で暮らしていたときには沖縄の「生活ことば」を使っていただろう。だが、彼女がテレビのなかで沖縄の「生活ことば」を使ってしゃべっていたという記憶はない。南沙織は「標準語＝東京語」でしゃべっていた。一九七一年といえば沖縄の本土返還の一年前で、沖縄に行くのにまだパスポートが必要とされた時代である。レコード会社やプロダクション関係者らによるかなりの「標準語」訓練がなされたであろうことは想像に難くない。

一九七二年に森昌子が「せんせい」でデビューし、一九七三年に山口百恵と桜田淳子が加わり「中三トリオ」としてアイドルとなっていった。森昌子は栃木県宇都宮育ちであり、桜田淳子は秋田の生まれ育ちだった。楽屋などで気楽にしゃべっているときには「生活ことば」の自然なアクセントやイントネーションが出ていた。彼女たちもまた芸能界デビューにあたっては、プロダクションでかなりの「標準語」訓練を受けさせられたのである。山口百恵は横須賀育ちだったので、楽屋で話す「ことば」とテレビカメラの前で話す「ことば」にはさほどの違いはなかった。やがて、山口百恵が七〇年代を代表するアイドルとなり、彼女の芸能界引退と入れ替わるように松田聖子が登場してきて八〇年代を代表するアイドルとなる。

松田聖子は福岡県久留米市の出身であるが、久留米の生活を感じさせる「ことば」ではなく「標準語」でしゃべっていた。アイドルは「標準語で話すのが当たり前」だと思われていたのである。アイドルと言われる人たちが、芸能界デビューするに際して求められて話すようになる「ことば」を、私は「アイドル標準語」と呼んでいる。

◎山口百恵と松田聖子

七〇年代アイドルの山口百恵と八〇年代アイドルの松田聖子とを対比して、二人の女性社会史的な位相の違いを論じたものに小倉千加子の『松田聖子論』がある。その論旨は、山口百恵も松田聖子も、「田舎・家族」という日本人の土着的メンタリティから出発して「都市」を目指したが、やがて山口百恵は結婚して家庭を築くという伝統的価値に回帰してゆき、松田聖子は「田舎」に回帰することなく「都市の夢」を手に入れるべく追い求め続けている、というものである。（小倉千加子『松田聖子論』飛鳥新社）

しかし私は二人の人生の分岐よりも、二人の出発点における共通性のほうが大きな意味を有していると考える。山口百恵や松田聖子に限らず、小泉今日子から中森明菜に至るまで七〇年代から八〇年代にかけてのアイドルたちが共通して「田舎」からスタートして「都市」を目指したということ、その言語的な現れとして「都会のことば＝アイドル標準語」を話すように求められそれに応じた、という点に大きな意味があると考えるのだ。

小倉は、七〇年代を代表するアイドルである山口百恵が、歌詞空間と実生活において「家族・結婚」という日本的メンタリティに回帰することによって「個」としての自立と葛藤から逃避したのに対して、八〇年代アイドルの松田聖子は「ミーハー・ラディカリズム」によって女性を縛っている古い制度と闘っていたのだと評価する。そして、「都市のロマネスクを実現する」ためには「日本という土着」から飛び立たねばならないと続ける。松田聖子は、古い日本の女像から意識的に逃走しようとして、生活感覚を捨象した歌詞空間において「都市の夢」を歌ったことにより、八〇年代の女性の意識を決定づけたというのである。

女性の幸せを求めるためには古い紐帯からの解放が必要なのだ、という小倉の考えはわからないでもない。しかしながら小倉の論理には、その前提に大きな欠落があると私は考える。旧弊な束縛から逃げだすことは、「旧弊な束縛のあった人生そのもの」から逃げだすことと同義ではない。出生から現在に至るまでの過去のない実人生などありはしない。白紙のキャンバスに構築される新たな人工的な人生などありはしないのだ。「あんたが麻世クン（川崎麻世）を見ちょるあいだに、買い物に行ってくるけん」と言った母親と、その母親からもらった「ことば」をどうして捨てなければならないのか、という問いである。「ねぇ、真由美ちゃん、ふたりで出ようよ。いっしょに、ピンク・レディーの「渚のシンドバッド」を歌わんね」と言った蒲池法子《かまちのりこ》（松田聖子の本名）の「ことば」をどうして捨てなければならないのか、という問いであり、何故「田舎」から離れなければならないのか、「田舎」から離れて「都市」に行かなければ夢や幸せはつかめないのか、という問いであり、そして、はたして人は「田舎」を捨てることなどできるのだろうか、という問いである。

ここで提示した「田舎」とは、単に「都会」と比較しての「田舎」という意味での狭義の空間を意味してはいない。人が生まれ育った時空間への土着性の意味であり、「田舎＝故郷」と言い替えていい。私が母から生まれ、母から「ことば」を習い、生きてきた時空間である。どんな都市生活者も必ず生まれ育った時空間としての「田舎＝故郷」をもっている。「母」を捨て去ることができないように、「母からもらったことば」を捨て去ることができないように、「田舎＝故郷」を捨て去ることなどできはしない。もし「都市での夢」があるとしたら、あくまで「田舎で生まれて育った私が都会に出てきてつかむ夢」以外にありはしないのだ。「田舎育ちの私を忘れずに生きて行く人生」こそが、「人生のローカリズム」というものの真の意味である。

小倉千加子が山口百恵と松田聖子の位相を論じながら見逃したものは、女性であろうと男性であろうとにかかわりなく、七〇年代も八〇年代も変わらずに流れていた社会思想である。それは、「田舎＝故郷」という土着性から離れて「都会＝東京」に行くことによって「夢＝幸せ」を手に入れることが可能になる、という作られた幻想である。一九七九年に長崎県佐世保市出身のクリスタルキングが「あー　果てしない　夢を追い続け　あー　いつの日か　大空かけめぐる」と歌った「大都会」がヒットしたが、作詞をした田中昌之は博多をイメージして「大都会」と歌ったにもかかわらず、この曲を受け止めた日本人の多くが「大都会＝東京」と疑わなかったことが時代を物語っている。南沙織も山口百恵も松田聖子も等しくテレビでは一貫して「アイドル標準語」を使っており、視聴者は無自覚にそれを受け入れていた、というところにこそ見逃してはならない戦後日本の言語底流があり、その根底には戦後日本社会の経済成長主義と都市神話が一貫して流れていた、ということに気が付かなければならない。

◇アイドル標準語と和田アキ子

アイドルが使う「ことば」が「アイドル標準語」であったことは、山口百恵や松田聖子や小泉今日子や中森明菜ら、アイドル歌手たちだけの責任ではない。アイドルに「アイドル標準語」を使ってほしい、と望む一般大衆の社会意識がその背景にあったからだと読み解くべきであろう。アイドルとは偶像であり、「肉体性の希薄さ」や「国籍不明性」を求められるものであるから、生活臭を感じさせる「生活のことば」を使ってはいけないのだという無邪気な反論に対しては、二〇一六年現在において「アイドル標準語」を使わないアイドルがたくさん存在しているという事実を示せば十分であろう。

アイドルに先行する偶像崇拝の現象として「スター」がある。「スター」とは映画が作り出した現象であるが、その発生と成立について、エドガール・モランは観客とスターとの「同一化」作用を指摘した。ファンが自分をスターに同化させ自分の欲求を投射する、というのである。モランは「世間がスターを欲する」ということがスターを生み出す最大の原動力だという。

しみったれた欲求や陰鬱で無名な生活が、映画の生活の次元にまで広がりたいというわけなのだ。スクリーンの想像上の生活は、この現実的欲求の産物であり、スターはこの欲求の投射なのである。（モラン『スター』法政大学出版局）

「スター」を「アイドル」と置き替えて読んで問題はない。南沙織から山口百恵・松田聖子につながるテレビ時代のアイドルが、じつはファンという名の視聴者たちの「欲求の投射」であったことが見えてくる。アイドルを欲した視聴者たちとは、戦後日本の価値観を支えた経済成長の論理に従って、「田舎」を出て「都会」に行き、「標準語＝東京語」を使うことによって都会人になり、「都市の夢」をつかもうとした多くの日本人であったのだ。それは、対象が女性アイドルであろうと男性アイドルであろうと、ファン自身が女性であろうと男性であろうとに関係なく、当時の日本人に共通していた社会意識なのである。

「アイドル」は、大衆消費社会において商品であるアイドルと消費者であるファンの双方向からの合意において成立するものであり、「アイドル標準語」もまた双方向からの暗黙の合意において成立していたのである。だから、芸能界では「アイドルは標準語でしゃべるもの」が当然と思われており、視聴者も何らの不思議を感じなかったのである。まさに「言語は、言語集団の集団精神の所産である」のだ（ソシュール『一般言語学講義』）。

やがて九〇年代になって経済成長が停滞期に入ると、多くの日本人が抱いていた「都市の夢」が幻想にすぎなかったことが徐々に明らかになってきた。東京に出て行った者なら誰でもが夢をかなえるなんてできはしない、という当たり前の現実が見えてきたのだ。ビートたけしの言葉を借りるならば、「世の中はかなわない夢で溢れている」である。そういう当たり前の現実を「生活ことば」による「笑い」で話す「お笑い芸人」たちがテレビのなかで出演場面を増やしてゆき、「アイドル標準語」で話すアイドルや歌手たちの出番は少しずつ減っていったのだ。テレビ番組でのゲスト席は歌手からお笑いタレントにと入れ替わり、水着姿の「アイドルスポーツ特番」は「お笑い芸人スポーツ大会」に変わっていった。テレビにおける歌手の退場の理由は、音楽ジャンルの多様化や、レコードからCDへの音楽器材の変転だけでは説明できない。

歌手は「標準語＝東京語」で話すのが当たり前と思われていた言語状況のなかで、その同化圧力に染まりきらなかったのは、和田アキ子や研ナオコ、沢田研二、吉幾三らごく少数にすぎなかった。なかでも信念をもって関西弁訛りの「和田アキ子弁」を使い続けたのが和田アキ子である。和田は次のように言っていた、

歌は標準語で歌うよ、そやけどふつうにしゃべるときになんで東京人に合わさなあかんねん。ま、ある程度は合わすけどな。

多くの歌手たちがテレビから消えてゆくなかで和田アキ子だけが残ることができ、三〇年にわたってTBS『アッコにおまかせ』が続いているのには相応の理由がある。島田紳助が八〇年以降のテレビメディアにおける関西弁進出に関して聞かれたときに、「オレたちの露払いをしてくれたのは、竹村健一さんとジュリーと谷村新司さん、そして誰よりも和田アキ子さんですわ」と語ったことがある。竹村健一は「まぁ、だぁいたぁいやねぇ、アメリカなんちゅう国はやねぇ」と癖のある関西弁で政治や経済を語った評論家である。ジュリーこと沢田研二や谷村新司はコンサートでは関西弁でしゃべる。

そして和田アキ子である。和田アキ子は、一九六八（昭和四三）年に「星空の孤独」でデビューして以来、「標準語化」圧力のひと際強かった歌手の世界において、ただ一人自分の「和田アキ子弁」を譲らなかった歌手だと言ってよいだろう。和田アキ子は「生活ことば」の強さを知っていたのである。

◎ドラマの標準語主義

現在では、各テレビ局が地上波で放送するドラマは一週間で一時間もの連続ドラマが二本か三本と、単発二時間ドラマが一本ほどである。テレビドラマで使われている「ことば」が「標準語＝東京語」であることは、少し注意すれば気が付く。水谷豊演じる杉下右京の活躍する『相棒』（テレビ朝日）、木村拓哉演じる久利生公平の活躍する『ＨＥＲＯ』（フジテレビ）、阿部寛演じる佃航平の活躍する『下町ロケット』（ＴＢＳ）。いずれも、主人公だけでなく登場人物のほとんどが「標準語＝東京語」を使って話している。

ドラマが展開する場所が東京という設定であれば格別な違和感はないように思えるが、冷静に考えればとても不自然なことである。たとえ東京であっても実際のビジネス社会や学校社会や家庭で、一般民衆がドラマの登場人物のような「標準語＝東京語」を誰もが使っているわけはない。本書で何度も述べてきたが「ことば」の原初的な意味合いにおいて、人はそれぞれに「生活ことば」をもっているはずなのに、テレビドラマではなぜかすべての場面で「標準語＝東京語」で話すことが基本になっている。その理由はドラマの制作者たち――プロデューサーや演出家――が、無頓着に「ドラマでは標準語＝東京語でしゃべるのが当たり前だ」と考えているからである。「ことば」と「ことばを使う生活」についての思慮の浅さが、テレビドラマの「ことば」を弱め、テレビドラマの「リアリティ」を薄れさせ、その表現力を低下させてきた。

一つの例をあげてみよう。『科捜研の女』（沢口靖子主演）と『おみやさん』（渡瀬恒彦主演）はいずれも、テレビ朝日の木曜枠の人気ドラマシリーズである。どちらも舞台は京都府警、事件が起こるのは京都市内の設定であるが、ドラマのなかで話されていることばは「標準語＝東京語」である。沢口靖子も渡瀬恒彦もじつに見事な「標準語＝東京語」で全編しゃべるのだ。ドラマに出てくる京都育ちの犯人も、事件現場の近くで遊んでいる子役でさえもが「標準語＝東京語」でしゃべっている。どう考えても不自然である。じつは、このドラマ枠は東映の京都撮影所で制作されている。つまり、撮影現場ではスタッフが皆、関西弁の「生活ことば」でしゃべっているのに、カメラの向こう側に立つ俳優だけが「標準語＝東京語」をしゃべっている、とても奇妙な言語空間が生まれているということだ。若いイケメン俳優や美人女優の出るドラマで、東京のテレビ局内のスタジオや撮影所で作られる場合には、もっと無邪気で無頓着に「標準語＝東京語」でドラマは作られている。

この指摘に対して、「テレビというメディアが、日本全国の幅広い視聴者層に受け入れられることを望んでいるから、多数者の言語である「標準語＝東京語」を使うのだ」という反論が予想されるが、その考えが言語における優位者の論理であることはこれまでに見てきたとおりである。このように、テレビドラマもまた「標準語化」という近代日本の価値規範の拡大再生産に加担してきたのである。

「わかりやすさ」を求める名目で、安直に「標準語＝東京語」を使うことがいかに表現力を弱めるかの事例としては、『私は貝になりたい』のリメイク映画版をあげることができる。テレビドラマ『私は貝になりたい』は一九五八（昭和三三）年にＴＢＳで放送され、日本のテレビ史に残る作品と言われるドラマである。高知県の幡多郡に住んでいた清水豊松が第二次大戦末期の一九四四（昭和一九）年に応召され、従軍中に上官の命令によりアメリカ軍捕虜の銃殺に加担するよう命じられる。気弱な性格ゆえに米兵捕虜に軽い傷しか与えられなかった豊松であったが、終戦後に帰郷して理髪店を営んでいたところ、捕虜虐殺のＢＣ級戦犯として逮捕され、やがて死刑を宣告されるという物語である。一九五八年のドラマでは主人公清水豊松をフランキー堺が演じた。二〇〇八年のリメイク映画版では清水豊松を中居正広（ＳＭＡＰ）が演じた。清水豊松は高知県の山合いに生まれ育ち、応召されるまで都会になど出たことのない人物で、時代は戦前の昭和一九年から戦後にかけての設定である。それにもかかわらず、中居正広が演じる清水豊松も仲間由紀恵が演じる妻の房江も、映画のなかでは二〇〇八年現在の見事な「アイドル東京語」で台詞をしゃべっていた。生活感の裏付けのない「ことば」で「生活」が描けるはずがない。高知の山合いに生まれ育って、質朴に田舎の「生活ことば」で生きてきた人間たちが理不尽な時代と社会に巻き込まれた悲劇を描いた名作ドラマは、リアリティのかけらもない無惨なアイドル映画の駄作へと失墜した。「ことば」と「ことばを使う生活」への思慮とはそういうものである。

◇倉本聰『北の国から』の表現思想性

テレビドラマにおける「ことば」と「ことばを使う生活」を考えるに当たり、一九八一年の『北の国から』にまでさかのぼらなければならないところに悲しい現実がある。八〇年代以降のテレビドラマにおいて、最も鋭敏な言語感覚をもって「ことば」を使ったのが『北の国から』の脚本家・倉本聰である。倉本は『北の国から』(フジテレビ、一九八一年一〇月〜一九八二年三月)において、「夢の都会・東京」と「北海道の田舎」である富良野とを「生活ことば」で相対化した。富良野の出身である主人公・黒板五郎(田中邦衛)が東京へ働きに出て行ったものの、妻・怜子(石田あゆみ)との生活に破綻して故郷に帰ってきて、貧しいながらも二人の子どもを連れて自力で生活を営む過程をドラマは描いた。長男・純(吉岡秀隆)には「東京語」で「僕の体質には北海道は合わない、と思われ、やはり東京が合っていると思われ」と語らせ、富良野育ちの草太兄ちゃん(岩城滉一)には「そりゃぁねえべさ、ここに居ればいいべさぁ」と語らせ、草太兄ちゃんの父親である北村清吉(大滝秀治)に「知識ばっかり知ってて、人間が生きていくうえで、なんちゅうか、うまく言えんが……」と、富良野の「生活ことば」で語らせた。

『北の国から』が作られたのが一九八一年であることは刮目すべきである。一九六〇年代から七〇年代にかけては、日本が高度経済成長のさなかにあり、日本人の多くが「田舎」から「東京」へ出て行って、「都会の夢」をつかむことを疑わなかった時代だった。ドラマを含めてテレビのなかの「ことば」は無頓着に「標準語＝東京語」化へと収斂していた。これに対して倉本聰は、「東京」から弾き返された人間たちが田舎の「生活ことば」を使って、苦しいながらも自分の力で自分の生活を紡ぐ「日々の暮らし」を描こうとしたのだ。

「生活ことば」の背後にある「生活思想」について倉本はこのように話している。

豊かさとはリッチで幸せなことであり、幸せとは今に満ち足りること。〔中略〕日本人はリッチだけを追い求め、幸せを忘れてしまった。（舞台『屋根』の上演に際して、二〇一六年二月一二日『読売新聞』インタビュー）

倉本聰が『北の国から』で撃ったものは、日本人全体を覆ってきた「経済成長至上主義」であり、その現れとしての「標準化された社会」であり、その言語的現れとしての「標準語＝東京語」の脆弱性と虚妄性にほかならない。残念なことに、この倉本の言語感覚と生活思想性を引き継いだドラマ制作者たちはほとんどいなかった。

八〇年代半ば以降、多くのドラマ制作者たちは「東京」で生きる若い美男美女が織りなす「トレンディ・ドラマ」へと傾斜していった。そこに登場する人物たちは、生まれ育った過去を感じさせない軽やかな生活を営み、たとえ地方から出てきた人物であっても「東京」に来た瞬間から流暢な「標準語＝東京語」を使う人物たちであった。それを背後で支えた考えは、「東京には夢も仕事も恋もある」というものである。

◇NHKの連続ドラマ「朝ドラ」

民放のテレビドラマの多くは、人気ある美男俳優や美人女優をキャスティングしたもので、その話の展開される場所はほとんどが東京であり、ドラマの登場人物たちは「標準語＝東京語」を無邪気に使っている。これはドラマの制作者たちが登場人物たちの「ことば」や「ことばを使う生活」に無頓着な証拠であり、「生活のリアリティ」を求めていないことの現れである。それらに比べてNHKの連続ドラマ「朝ドラ」は、はるかに「ことば」と「ことばを使う生活」についての考慮がなされている。その理由は「朝ドラ」の基本的な構造が、地方出身の女性主人公が東京や大阪といった都会に出て行って苦労の末に成功するという筋立てになっているので、必ず「地方のことば」と「都会のことば」の対比を押さえておかないとドラマのリアリティが確保されないからである。そのうえで、日本全国の視聴者にわかりやすいように「地方のことば」を共通語的に言い替えたりするのは演出の範疇である。

『あまちゃん』（二〇一三年四月～九月、脚本宮藤官九郎）を見てみよう。主人公・天野アキ（能年玲奈）のしゃべる「じぇじぇじぇ」が有名になってブームを起こしたドラマである。岩手県の三陸海岸沿いの町をドラマの舞台に設定しており、当地での「生活ことば」を共通語風にアレンジして使っていた。アキの祖母である「夏ばっぱ」（宮本信子）や、地元の海女である今野弥生（渡辺えり）らは、当地の「生活ことば」をもとにした「ことば」をしゃべっていた。よく考えれば、一六歳まで東京で生まれ育ったアキが東北弁を使い、一八歳まで三陸で育った母の天野春子（小泉今日子）が東京弁を使うのは変なのだが、それはドラマ展開上の演出技巧というべきで、いずれにしても登場人物にどんな「ことば」をしゃべらせるかをしっかりと考えて制作されていたことは明らかである。

『あさが来た』（二〇一五年一〇月～一六年三月、脚本大森美香）は、幕末から明治中期にかけて、京都に生まれた主人公・白岡あさ（波瑠）が大阪に嫁いで女性実業家として活躍する人生を描いた話である。主人公あさの発する「ことば」はキャッチフレーズになった「びっくりぽんや」だけでなく、「なんでやのん?」「ほんま、けったいな話や」「よろしいか、よう聞いとくなはれや」「明治の世やなんて、誰が作りはったんや」など、京都や大阪の「生活ことば」が使われていた。また五代友厚（ディーン・フジオカ）の薩摩弁など、登場人物にどんな「ことば」をしゃべらせるかが、しっかりと計算されていた。

『とと姉ちゃん』（二〇一六年四月～九月、脚本西田征史）では、ドラマのなかで話される「ことば」は、ほぼ「標準語＝東京語」風であったが、最も留意すべきは「とと」「かか」という呼称である。主人公・小橋常子（高畑充希）の家庭では父親のことを「とと」と呼び、母親のことを「かか」と呼んでいた。そこから早逝した「父親・とと」の代わりとしての「とと姉ちゃん」という呼称が生まれ、番組のタイトルになった。「ことば」をめぐる言説のなかでよくあることだが、「母親」のことを「「お母さん」と呼ぶのが正しい」だとか、「「お母さん」ということばが美しい」だとか言う人がいる。それは「ことばの標準語主義」に毒された間違いである。「母親」を呼ぶ「ことば」として、「おかあさん」も、「かあちゃん」も、「ママ」も、「オカン」も、「かか」も、どれかが美しくてどれかが美しくないなどという優劣関係はない。単語そのものに美醜があるのではないのだ。「ことば」にとって大切なのは「ことば」を使う人の意識である。小橋家の三姉妹にとっては「とと」という単語が「父親」を呼ぶのに最もふさわしくて、「かか」という呼称が「母親」を呼ぶのに最もふさわしくて、最も強くイメージを喚起される「ことば」だったのだ。

「ことば」にとって大切なことは強度なのである。「ことば」を計る基準があるとすれば、それは「強度」である。

◎坂本裕二『いつか、この恋を思い出してきっと泣いてしまう』

無頓着な「標準語主義」が席巻してきた民放のドラマのなかに、少しずつだが「ことば」を考慮して作るドラマも現れてきた。『Nのために』（TBS、二〇一四年一〇月期、原作湊かなえ、脚本奥寺佐渡子）では、純愛ミステリーの発端が主人公たちの瀬戸内海の島での青春期にあったという設定なので、主人公たちの島での生活では「島の生活ことば」が話されていた。『犯罪心理学者・火村英生《ひむらひでお》の推理』（日本テレビ、二〇一六年一月期、原作有栖川有栖、脚本マギー・佐藤友治）では、犯罪の舞台が京都であり、主人公の火村英生（斎藤工）は東京弁を話していたが、副主人公の有栖川有栖（窪田正孝）はじめ京都に暮らしていると思われる登場人物は現代の京都の「生活ことば」を話していた。

テレビドラマの「ことば」がわずかではあるが変容を見せ始めているなかで注目すべきは、『いつか、この恋を思い出してきっと泣いてしまう』（フジテレビ・月9・二〇一六年一月〜三月・脚本坂本裕二）である。これを少し詳しく見てみよう。フジテレビの月曜夜九時からの放送で、いわゆる「月9」と呼ばれるドラマ枠である。『いつか、この恋を』が「二〇一六年の『東京ラブストーリー』」と銘打たれた理由は、脚本家の坂本裕二がかつて一九九一年にトレンディドラマを代表する『東京ラブストーリー』を書いた脚本家だからである。二五年の時差をもつ二つのドラマの「ことば」を比較するところから、「ドラマのことば」をめぐる言語状況が見えてくる。

『東京ラブストーリー』では、愛媛県の海辺の町で育った永尾完治（織田裕二・呼び名カンチ）が仕事で東京に出てきて、先に東京にきて働いている同級生の関口さとみ（有森也美）らと旧交を暖めながらも職場の同僚である赤名リカ（鈴木保奈美）との新しい恋に悩む。このドラマでは、完治（カンチ）が羽田空港に降り立って電話をかけるファーストシーンから、「いやぁ、あのさぁ」「そんなのわかんねぇよ」「外廻り行かなきゃなんねぇから、時間ないんだよ」などと、「東京語」の台詞が使われている。愛媛の高校時代の同級生たちが集まった歓迎飲み会でも、誰ひとり「ふるさとのことば」を話さないで、全員が「東京語」で話している。一九九一年時点において多くの視聴者は、この不自然な「ことば」で展開される「都会のオシャレな恋物語」を支持したのである。

『いつか、この恋』の「ことば」は違う。女性主人公の杉原音《すぎはらおと》（有村架純）と、男性主人公の曽田《そだ》練《れん》（高良健吾）を中心にして、二人を取り巻く四人の若い男女の複雑な恋愛感情や友情関係が絡み合いながら進行するストーリーという構成は『東京ラブストーリー』と似ているが、彼ら彼女らは、それぞれが辛い人生を背負っている。一見、東京の街を今風に歩いているであろう若者たちの人生の背景を、彼ら彼女らがふと漏らす「生活ことば」によって、坂本裕二の脚本はじわじわと浮かび上がらせてゆく。昼間の仕事の時間には、それなりの「東京語」を使っている人物たちが、心情を吐露するときには思わずふるさと訛りの「生活ことば」になる。

杉原音《すぎはらおと》は、大阪で生まれて幼いときに母と別れて北海道で育ち、今は東京にいる。曽田練《そだれん》に音のほうからキスをしたあとで言う「好きやからに決まってるやん、説明するんは好きっていうんとちゃうよ、まぁいいけど」。曽田練のことが好きな市村小夏《いちむらこなつ》が食卓を囲んで言う「何で会話変えんだべな、本当はみんな嘘ついてるわ。楽しいって、オガシクネ。うわべばっか楽しそうなふりして嘘バッカ」。この台詞から小夏が会津福島の出身ということがわかる。日向木穂子《ひなたきほこ》のメールの文面には「お仕事お疲れさま！　声聞きたいけん、家着いたら連絡くれん？」とあり、木穂子が九州の出身だろうことがわかる。そして、曽田練が言う、「俺、小ちゃい頃からジイちゃんと二人ぐらしで。ジイちゃん、風呂がヌルィヌルイィ、アツイィ、アツイィーって。ジイちゃん、猪苗代湖、観光して、うちんちの近くの湖で、空の鏡見ると心が静かになります。風が吹いて、波が立って心がざわざわします」。会津福島の「生活ことば」によって語られた台詞から、故郷の湖や空の景色と、そこで祖父と二人で生きてきた曽田練という人物の人生の風景が立ち上ってくる。

一九九一年の『東京ラブストーリー』において無頓着な「東京語」で都会の恋愛を描いた坂本裕二は、東北大震災を経た二〇一六年に「生活ことば」を使って現代の東京で暮らす若者たちの「生活」を描き出した。それは坂本が「東京」を相対化する視点を獲得したことを意味している。第七話の次のシーンは「福島の生活」をひと際鮮やかに浮かび上がらせる。曽田練の亡くなったジイちゃんのパジャマのポケットに残されていた何枚かのレシートを、杉原音が曽田に向かって読み上げる場面である。

「九月三日一二時五二分、スーパーたけだ、蒸しパン一六〇円、牛乳小一二〇円、一口ようかん八〇円、時間的にお昼ごはんでしょうか。九月四日一三時八分、スーパーたけだ、栗蒸しパン一八〇円、牛乳小一二〇円、きんつば一〇〇円、おじいちゃん甘党だったんですか。ちょっと飛びます、九月二九日一五時三二分、家庭菜園の店オオタニ、ソラマメの種二三〇円、五角オクラの種二一〇円、熊手四六〇円、軍手一六〇円」

「わかんないですけど、本当のところはわかんないですけど、オジイちゃん、怒ったり憎んだり、そういうのばかりじゃなかったんじゃぁないかなって。毎日、ちゃんと生活してたんじゃないかな、と思って」

〔中略〕

「最後の一枚です、一六時一五分、井川商店。純米カップ酒二本、五〇〇円、さきイカ二六〇円、お酒二本買われて、どこかで飲んだんでしょうか」

（曽田練、息を詰まらせて）

「ジイちゃん、自分じゃ一本しか飲みません。ジイちゃん、酒を二本買うときは決まってます。

種を植えたとき、種を植えたとき、です。一本は自分で飲んで、……もう、一本は畑に飲ませます」

画面は、痴呆になって孫息子にさえ悪態をつくようになったジイちゃん（田中眠）が、古ぼけて薄汚れたパジャマを着たまま、冬枯れの畑のあぜに座り、カップ酒を飲みながら、もう一本を畑に撒く姿を映し出す。

東日本大震災を経験して、なおも福島の農村で懸命に生きて、やがて痴呆になり、駅の汚れた便所で倒れて死んだ、というジイちゃんの人生の最後の日々を、わずか数枚のレシートから浮かび上がらせた脚本と演出は特筆に値する。「ことば」は「ことばを使う生活」に裏付けられている。「生活ことば」は「生活」の言語的表象である。

二〇〇〇年代に入ってテレビドラマが衰退していった理由は、制作費用の高騰だけではない。ドラマのなかの「ことば」とそれを支える「表現思想」が衰弱化したために、一般民衆に訴える力が弱くなり、制作費用に見合うだけの視聴率が獲れなくなったからである。今はたまたま「お笑い芸人のことば」のほうが、「ドラマのことば」に勝っているだけである。「ドラマのことば」が「お笑い芸人のことば」を超える新しい形を生み出せば、再びドラマという表現形式が隆盛となるかもしれない。『いつか、この恋を思い出してきっと泣いてしまう』は視聴率的にはふるわなかったが、このような「新しいドラマのことば」の模索が次の時代のドラマ表現を生み出すのだ。

◇『アメ・トーク』中堅芸人の修練の場

八〇年代から始まったテレビの「ことば」の変動を受けて、多くのお笑い芸人たちがテレビに登場するようになり、歌番組やドラマを押しのける形でバラエティ番組が増えていった。その間には、残っている芸人よりも消えていった芸人たちのほうが断然多いことは言うまでもない。

標準語の愚痴、標準語の野次というのも稀である。標準化できないような個人的な情念の問題を、標準語で語ろうとするのは何と空しいことだろう。（寺山修司『戦後詩』）

寺山修司がこう語るように、人は「自分の好きなもの」や「不平や不満」について話すときには、一生懸命になって自分の「ことば」を紡ぐものだ。『アメ・トーク』（テレビ朝日・木曜夜二三時一五分～二四時二五分）は雨上がり決死隊の宮迫と蛍原の二人の司会で、「家電大好き芸人」や「広島カープ芸人」などのように、ある共通の趣味を持った芸人を集めて、ひな段に座らせてトークを展開するテレビ番組である。次の様子は、アンジャッシュの渡部建が「明太子芸人」として、大好きな明太子の魅力を周囲の芸人たちにアピールする場面である。

渡部　いまだに合わない物、見つけてないです。
宮迫　鳥肉は？

渡部　（すかさず）明太子っ。鳥とマヨネーズの相性なんて究極です。
後藤　ハンバーグ？
渡部　（すかさず）明太子っ。ハンバーグにマヨネーズが合うんだから、それに明太子、絶対ですっ。
徳井　和風ハンバーグ？
渡部　明太子っ。いくら和風にしてもオロシとハンバーグに明太子っ。
後藤　革靴！
渡部　明太子っ。もともと牛なんだから明太子には合うんですっ。

次は醜男芸人と呼ばれるブラックマヨネーズの吉田が、イケメンばかりがモテる世の中に対して不満をぶつける場面である。

「「男前が有利すぎる世の中」、こんなのやってられない。今、男前が有利すぎる、と思うんですよ。サッカーやってて、例えばゴール前に男前がいて、絶好のセンタリングが来たときに、男前はふだんからモテてるから、迷いなくポーンと決めたい一心なんです。でも、我々醜男《ぶおとこ》は決めたいプラス、ここで決めたら女の子にモテルっ、みたいな余計なこと考えるから、タイミングが遅れて変なシュートになるんです。ほんで、男前は「大丈夫や、吉田くん、ドンマイ、ドンマイ、またチャンスあるぞ」と言うのをみんなが見てて、男前やわぁ、あの失敗した吉田くんに対してめちゃくちゃ優しい」

「こんなん、やってられない、やってられない」「てられな！」

『アメトーク』番組内で、二〇一五年流行語大賞を取ったひとことである。

この番組は、中堅のお笑い芸人たちが、ＭＣ宮迫や蛍原と一対一の「話し技術」に挑んだり、出演者複数での「廻し話し」で展開したり、複数対一人の「話し技」で転がしたり、一人で客席に向かったり、といろいろな形のトーク展開を繰り広げるなかで、「話しことばでの笑い」の技術修練場となっている。中堅お笑い芸人の技量を見て取るための「業界視聴率ＮＯ・１」といわれる所以である。視聴率については芸人や業界人たちにまかせておけばよいことで、私たち一般民衆が見て学ぶべきことは、かつてＮＨＫで放送されていた「青年の主張」で話されていた優等生的な「ことば」に比べて、彼らお笑い芸人の「ことば」のほうがどれだけ活き活きとしているか、ということである。近代日本の学校教育が取り戻すべきは、暮らしに密着した「聞く・話す」力を身に付けることであろう。

◎お笑い芸人活躍の現状と今後

一九八〇年代から九〇年代にかけての「笑いの時代」において、ビートたけしや島田紳助や明石家さんまが領導するなかで、「お笑い芸人たちのことば」が追いやっていった「歌手のことば」や「ドラマのことば」について見てきた。この間にテレビ番組の形態としては、たけしや紳助やさんまらの「お笑い芸人」が司会をして複数の出演者がスタジオ内でトークを繰り広げるという「集団トークバラエティ」が激増していった。その結果、多くの「お笑い芸人」がテレビタレントとしての席を得た。ダウンタウン松本人志・浜田雅功、所ジョージ、笑福亭鶴瓶、今田耕司、東野幸治、爆笑問題太田光・田中裕二、ウッチャンナンチャン内村光良・南原清隆、くりーむしちゅー上田晋也・有田哲平、フットボールアワー後藤輝基・岩尾望、チュートリアル徳井義実・福田充徳、ネプチューン名倉潤・原田泰造・堀内健、アンガールズ田中卓志・山根良顕、渡辺直美、ハリセンボン近藤春菜・箕輪はるからであり、その総数は八〇人から一〇〇人になるだろう。

しかし、彼ら彼女らのなかで「ことば」と「ことばを使う生活」に自覚的な者は少ない。若手芸人たちのなかにはお笑いの世界をカッコイイ就職先か何かのように考えて入ってくる者も多い。そんな彼らや彼女らの「ことば」は弱い。たとえ一時的に「笑い」を獲ったとしても、時間を経てゆくうちに淘汰されてゆく。かつて「お笑い芸人のことば」が先住者を追いやったように、現在テレビで活躍している「お笑い芸人」たちもいつかは新しい「強いことば」に追いやられるときが来るだろう。

◇M-1グランプリの企画意図

「M-1グランプリ」は島田紳助と谷良一（吉本興業プロデューサー）が発案した企画である。優勝賞金が一〇〇〇万円という破格の金額と、漫才の日本一を決めるという触れ込みが話題を呼び、これ以降、「〇−1グランプリ」という名前のお笑いイベントが続出した。このイベントを考えた紳助の意図を明らかにしておきたい。

紳助が「M−1」を考えるようになった理由は、お笑い芸人たちの「ことば」が弱くなってきたからである。それを彼は「今の若い芸人らは、開墾されて平らになった所を歩いとる。せやから、平らに均された「ことば」しかよう使わん。崩された「ことば」の真似だけしとる」と表現した。紳助が「M−1」を思いついた二〇〇〇年時点で、すでにテレビの世界には多くのお笑い芸人が地歩を占めていた。バラエティ番組の出演者として、数十人のお笑い芸人がレギュラーや準レギュラーの位置をもらっており、それなりの収入も得ていた。しかし彼ら彼女らの「ことば」は「闘うことば」ではない。たけしや紳助やさんまは、自分なりの言語観と生活思想をもって「先人の漫才のことば」や「世の中のことば」と闘ってきた。たけしや紳助やさんまらの、表には決して見せない苦悩の結果としてテレビにおける「お笑い芸人の席」が一〇から一〇〇に増えたのである。それなのに、ちょうど議員定数が一〇から一〇〇に増えたら、議員になることだけを目的に志も何もない人間が議員になりたがるように、お笑い芸人をまるで割りの良い就職先か何かのように考えて入ってくる人間が増えてきた。紳助は、強い「ことば」を築くためには「闘いの場」を設定しなければならない、闘うことでしか人は強くなれない、芸人は倒す相手を見つけなければ強くなれない、と考えて「M−1グランプリ」を企画提案したのである。

彼は、「僕らがこうやって、今テレビに出さしてもろうてる蔭で、どれだけの先輩や同輩らが消えてなくなっていったか。その人らが頑張ってくれたから、こんだけお笑い芸人がいろんなとこに出れるようになったんです。その人たちのためにも、お笑い芸人は強うならんといけないんです」とも言った。それはお笑い芸人の社会的地位向上という話ではない。しょせんは実社会にとって無用に見える「お笑い」を通して、私たちが気が付かないさまざまな価値規範と闘ってきた「お笑い芸人」のことばである。島田紳助はテレビの世界から引退を余儀なくされたが、今、テレビに出演している多くのお笑い芸人たちは、彼の残したものを忘れてはならない。

◎マツコ・デラックスの闘い

ビートたけしや島田紳助や明石家さんまらが、「お笑い芸人」という位置から続けてきた「闘いの精神」を違う形で継承しているのはマツコ・デラックスである。マツコは、「デブでゲイで女装癖というマイノリティの位置から「オネエことば」を使って世の中のあらゆる価値規範と闘っている。その立ち位置をマツコは、「アタシみたいな異形なモノ」と言い、「アタシみたいな部外者のオカマ」と言う。そして、「アタシ自身、ゲイで女装癖というマイノリティの上塗りのような人間、いや、簡単に人間と言ってしまっていいのか躊躇してしまうほど踏み外して生きてる立場からすると〔中略〕踏み外さずに生きてる人たちに対して喧嘩を売ってる以外の何ものでもない」と言う（中村うさぎ&マツコ・デラックス『自虐ドキュメント』双葉文庫）。「お笑い芸人」が実社会と虚社会の「マージナル（境界）」から実社会の規範価値を炙り出すよりも、社会から外れているという自覚から発せられる

「マイノリティのことば」は一層強く社会の隠れた価値規範を抉り出す。

『月曜から夜更かし』でマツコの相方を勤めている関ジャニ∞の村上信五が、さりげなく自然な「生活ことば」を使っていることも見逃せない。関ジャニ∞は、横山裕（大阪府）はじめ村上信五（大阪府）や丸山隆平（京都府）や安田章大（兵庫県）らメンバー全員が関西出身であるが、出演番組では基本的に自然な関西弁訛りの入った「生活ことば」を使っている。かつては「アイドル標準語」を話すよう求められ、それに呼応していたアイドル歌手たちが自分の「生活ことば」で話すようになった、というのは大きな変化である。アイドルで「標準語＝東京語」以外の「生活ことば」を平然と使うようになったのは、おそらく一九九三年にデビューしたＫｉｎｋｉＫｉｄｓ（堂本光一・堂本剛）だと思われるが、「歌手のことば」も変わってきているのだ。また、二〇〇五年に秋元康がプロデュースして誕生したＡＫＢ48やそこから派生したＳＫＥ48やＮＭＢ48はメンバーに「標準語＝東京語」を強要しない。それは、彼女らの活動の拠点が「秋葉原」であり「栄」であり「難波」であるという、擬似的土着性にもとづいているからである。こうして見ると、弱い「ことば」しかもっていない「お笑い芸人」たちの定席に迫っている次代のタレントたちの姿が浮かび上がる。

◎池上彰と宮根誠司と笑福亭鶴瓶

「お笑い芸人」たちの話す訛りを含んだ「生活ことば」がテレビのなかでそれなりの位置を占めるようになったことは、テレビ表現においてさまざまな波及効果をもたらした。そのなかでも「政治・

経済」を語る「ことば」の変化は大きな意味をもっている。それは、ビートたけしが「TVタックル」で、島田紳助が「サンデープロジェクト」で政治や経済について語るようになった、という直接的な変化のことではない。たけしや紳助が先導したことにより、「政治や経済という難しくて高級なことも、ふつうの「生活ことば」でしゃべれるのだ」「新聞やニュース報道だけが、政治や経済を語る場ではないのだ」ということを一般民衆に気付かせてくれたことである。

第四章で詳しくふれるが、明治以降の近代日本での「ことば」についての最も大きな間違いは、「書く言葉」のほうが「話すことば」よりも格上なのだ、という考えである。この間違った考えのもとに、「書き言葉」に習熟した言語エリートたちがふつうの人たちにはわからないような難しい「言葉」を使って特権的に「政治・経済」を語ってきた。その特権をたけしや紳助といった「お笑い芸人」が、私たち一般民衆の「話すことば」の地平にまで引き降ろしたことが大きいのである。

「書き言葉」でのみ語られていた「政治・経済」を「話すことば」の地平で語ることができるようにしたところに、池上彰の「誰にでもわかるニュース」番組が成立する。池上はNHK出身だが、アナウンサーではなく報道記者の出身であり、「週刊こどもニュース」のキャスター編集長を勤めたのちにNHKを退社した。「書き言葉」の特権性にとらわれずに、わかりやすい「話しことば」で「政治・経済・国際」を語ることができることを示した池上の功績は大きい。

池上の「話しことば」をさらに民衆の「生活ことば」に近付けるところに『情報ライブ・ミヤネ屋』の宮根誠司が成立している。宮根は、東京都議会の問題についても、「まぁ、いやぁ、ほぼほぼこういうことでっしゃろ」と言い、国際政治についても、「ぶっちゃけ、何してんねんちゅう話ですわなぁ」と言う。宮根誠司は島根県出身であるが関西大学を経て大阪の朝日放送にアナウンサーとして就職し、『おはよう朝日です』というローカルの情報番組で多くのお笑い芸人や庶民との交流を通して培った、関西人の「生活ことば」を「政治・経済・社会」というニュースの領域に持ち込んだ意味は大きい。

『ミヤネ屋』が大阪のYTV読売テレビのスタジオから発信されている全国ネット番組である、ということもテレビメディアにとっては画期的なことである。七〇年代から八〇年代にかけてテレビ局の東京一極集中が進んだ結果、全国ネット番組は東京のスタジオから発信されるのが当然だというルールができあがった。全国的な「政治・経済・社会・娯楽」は東京でやるから、地方のテレビ局は地方の出来事だけを扱えばいいのだというメディア・ヒエラルヒーの確立である。これに対して『ミヤネ屋』は、地方からでも全国的な「政治・経済・社会」は扱えるのだ、ということを実証したのである。この点において、『ミヤネ屋』が東京中心のテレビメディアの構造に投じた一石は今後のテレビを考えるうえで大きな意義をもっている。

また、テレビ局の社員アナウンサーであった宮根誠司を「芸人みたいにおもろいアナウンサー」だからといち早く評価してフリーへの転身を勧めたのが笑福亭鶴瓶であり、宮根の転身の後押しをしたのがやしきたかじん（家舗隆仁）であったという事実にも、「ことば」を考えるうえでの示唆が含まれている。笑福亭鶴瓶は、紳助やさんまより四歳年上で、実は東京進出は彼らより一足早かったのだが、その当時はまだ「関西弁はこわい」と思われていた時代だったので、いったんは敗退してしまったという経験をもつ。しかし、何度も「鶴瓶弁」で「標準語＝東京語」に挑んだ結果、今では「鶴瓶の家族に乾杯」（ＮＨＫ）で、日本全国のどこででも一般庶民の生活感溢れるトークを引き出すという独自のポジションを作り上げた。鶴瓶は相手が若者であろうと年配者であろうと「大阪のオッチャンことば」である自らの「鶴瓶弁」を、「そうやんなぁ」「お父さん、この仕事、もう長いことしてはるんでっしゃろ」と無防備な身体性で話すことによって相手の自然な「生活ことば」を引き出している。映画『ディア・ドクター』や『おとうと』でも、あるいはドラマ『半沢直樹』でも、彼は決して「鶴瓶弁」以外をしゃべろうとはしない。『半沢直樹』の場合には、父親の半沢慎之介の役で金沢のネジ工場を経営していたのだから、よく考えればベタベタの大阪弁でしゃべる設定はおかしいのだが、そこでも「鶴瓶弁」を譲らないところに、「ことば」で長い間格闘をしてきた彼なりの言語観を見ることができる。いずれにしても笑福亭鶴瓶の「生活ことば」が宮根誠司の「生活ことば」を誘引し、それがニュース報道や情報番組の「ことば」をも変えようとしているところに、テレビの言語空間の変革の兆しを読み取ることは間違いではないだろう。

◇とんねるずとフジテレビ

八〇年代から九〇年代にかけての「笑いの時代」のなかで、「ことば」の変化の恩恵を最も受けたのは関西弁を使うお笑い芸人たちだった。もともと関西弁は「標準語＝東京語」に対して劣等意識の少ない「ことば」だったのだが、その理由は古代から近世に至る日本の歴史と、近代になっても東京との経済格差があまりなかったという事情によるものと思われる。そこに「漫才ブーム」以降、木村政雄（元常務）や大﨑洋（現社長）の率いた吉本興業芸人が大挙して東京発の全国ネット番組に出始めたおかげで、関西弁は少なくともテレビのなかでは劣等感を抱くことなしに話せる「ことば」になった。しかし、それが実際の経済社会における「ことば」の状況と一致しているわけではないことは明らかである。実際の経済社会では「ビジネスのことば」としての「標準語＝東京語」の力は依然として圧倒的に強い。それは「標準語＝東京語」の言語的優位を担保しているのが、東京を頂点としている日本社会の政治経済構造だからである。

紳助やさんまらの関西弁の「生活ことば」の東京進出に対して、東京下町の「生活ことば」で対抗できたのがビートたけしだけだったということを見た。その時点で関西弁に対して、たけしとは少し異なる地平で対抗したのがとんねるずであった。ビートたけしは、「関西弁が押し寄せるなかで、それに対抗したのはオイラととんねるずだけだった」と語っているが、ビートたけしととんねるずの「対抗」は内容が大きく異なっている。たけしの対抗は「生活思想」に裏付けられた「生活ことば」の対抗であったがゆえに、結果的に紳助やさんまらの「生活ことば」とスクラムを組んで、以後「標準語＝東京語」に対しての共闘戦線による闘いへと発展継続していけた。これに比してとんねるずの「対抗」は、「関西の若者ことば」に対する「東京の若者ことば」の次元にとどまるものだった。つまり、それは「生活」の裏付けのない風俗表象としての「若者ことば」だったのである。

一九八二年の『お笑いスター誕生』からデビューして、『オールナイトフジ』や『夕焼けニャンニャン』で時代を画したとんねるずだが、彼らの話す「ことば」は東京山の手育ちの若者が使う「帝京高校生ことば」であった。さらには、とんねるずを支えたのは八〇年代から九〇年代にかけての都会の若者たちとその賛同者たちであった。それは、経済成長の余熱が残る日本において、その恩恵に浴している若者たちであり「生活者」ではなかった。とんねるずや、その支持者たちを底支えしていたものは、「都市生活者の軽やかな生活感の肯定」にほかならない。

「都市生活者の軽やかな生活感の肯定」をテレビ局全体として推進したのがフジテレビである。それが「軽チャー路線」という局全体の番組方針となって現れた。ドラマは生活感の希薄な登場人物たちが奏でる「東京の夢と恋」を描く「トレンディドラマ」一色となり、「おニャん子クラブ」の生成のあとは「女子アナ」の生成へと続いた。しかし、やがて経済成長は終わって低成長の時代になり、バブルは弾けて厳しい経済格差をともなう現実が到来した。都会の若者たちも必ず歳をとって、親の庇護から離れて「生活」というものに直面せざるをえなくなる。そのとき、しっかりとした生活感の裏付けのない「ことば」は若者ぶった軽薄な「ことば」へと堕してしまうのである。わかりやすく言えば、たけしや紳助やさんまや、その後継者であるダウンタウン松本は「若者」から出発しながらも生活のなかで適切に歳を重ねて「青年から大人」に成長しているのに、とんねるずはいまだに「〜みたいなぁ」の女子高生語や、テレビ業界用語をオシャレに使う「東京の若者」を続けている。

フジテレビは同様に「都会の夢工場」を続けている。フジテレビの衰退について、元社員たちが語る言説の多くは企業体としての組織構造に関してであったり、人的な問題であったり、日本テレビの視聴率主義に負けたのだと言ったりするが、それらの言説は的を外している（吉野嘉高『フジテレビはなぜ凋落したのか』新潮新書ほか）。二〇一五年一月に週間平均視聴率で在京キー局中の最下位になったという事実は、フジテレビが決して日本テレビ一社に負けたのではなく、競合全社に負けたということを示している。フジテレビの番組全体が社会と時代に合わなくなっているのに、なかにいる制作者たちがそれに気が付いていない。その言語的象徴がとんねるずの「若者ぶったことば」なのである。

かつてフジテレビには「都会の夢」を相対化する視点をもった『北の国から』があった。ビートたけしや島田紳助や明石家さんまは『ひょうきん族』からスターになっていった。それらの番組やお笑い芸人たちが内包していた「ことば」と「生活思想」の意義に気付くことができなかったところにフジテレビの現在がある。

◎タモリの「許容することば」

二〇一四年三月に『笑っていいとも』が終了したことを受けて、多くのタモリ論が語られた。本書はそれらとは異なり「ことば」の視点からタモリを考える。

「ことば」という視点からタモリを考えようとするときに留意するべき点は二つある。第一点は、タモリが「ことば」を基本的に「オト」としてとらえていることである。お笑い芸人の多くが物真似上手な理由は、「ことば」を「文字」でとらえるのではなく「オト」としてとらえるからである。「オト」を出すための、口や唇や顔の動きという「身体性」でとらえることができているから、物真似をする際に声だけでなく顔や身体つきまでが似てくる。そんななかにあって、タモリは特に「オト」をとらえる能力に優れている。彼の「四カ国語麻雀」や「七カ国語バスガイド」は他の芸人の模倣を許さないほどの「ことばのお笑い芸」であろう。

もう一点は、タモリが「ことばの意味」を重視していないということである。タモリによれば、「言葉の意味というものが人間をがんじがらめにしているのではないか、だから、その束縛から離れて言葉を本来の機能である道具に戻して、道具箱をひっくり返して遊ぶように〔中略〕遊んだほうが衛生的なんじゃないかと」思う、というのである（『プレイボーイ・インタビューセレクテッド』集英社、強調は引用者）。いわば「ことば」の思想性を排除した言語道具説と言ってよい。つまり、「ことば」なんて別に大したもんじゃないのだから、その中味にはこだわらなくてよいのではないか、という考えである。この結果、タモリの「ことば芸」は何語を話しても「オト」はそっくりだが「意味」はまったくない不思議な「ことば」となって笑いを誘う。

「ことば」を道具としてとらえ、「ことば」の意味にこだわらないタモリがテレビで使う会話用の「ことば」は「標準語＝標準語近似値としての東京語」である。ひときわ「オト」に敏感でどのような「オト」をも駆使できる森田一義は、生まれ育った「福岡のことば」も使えるし「東京語」もやすやすと使える。彼の「ことば」に対する考えに寄り添えば、「何弁でもいいじゃないか、訛りが入っていてもいいし、東京語風でもいいじゃないか、そんなものにこだわるなよ」となるであろう。たけしや紳助に対しては、「どうして、そんなに「ことば」に頑張るのよ」であろう。つまり、タモリがテレビで使う「ことば」は「どんなことばも許容することば」であるが、それは同時に「闘わないことば」でもある。それゆえに、たけしや紳助から「生活ことば」で攻撃される言語的マジョリティ――「標準語＝東京語」に無意識に馴化されている人たち――の救済になるのだ。タモリのまわりにＳＭＡＰなどのアイドルが安心していることができるのは、この理由による。「標準語＝東京語」を無自覚に使うアイドルタレントたちにとって、たけしや紳助は「標準化・画一化」された無意識を「生活ことば」によって顕在化させようとする、本質的に怖い存在だからである。

近藤正高は、『タモリと戦後日本』（講談社現代新書）で、異色のタレントであるタモリが大衆に受け入れられた背景として、「高度経済成長が日本社会にもたらしたあらゆる面での均質化・平均化」をあげた。この点については異論のないところだが、「均質化・平均化」は決して大衆による積極的肯定にもとづいたものではない。近藤は、「かって高度経済成長期前後に地縁や血縁を避けて都市に出てきた若者たち」、あるいは「地縁や血縁に縛られた農村を忌避して都会に出てきた人々」が「タモリを支えた人たち」だと論じているが、この点についての戦後日本史を読み違えている（同書、強調は引用者）。若者たちは、主体的に「農村的なしがらみを捨てて都会に出てきた」のではない。戦後日本の国策と産業資本の政策の合体による「高度経済成長」という経済ナショナリズムによって、故郷を出て都会に「出て行かざるをえなかった」のである。そのような人たちが都会に出て行って、会社で働き、家庭を営み、産業社会で「標準語化思想」に囲まれて、悩みながら「ことば」を使って生きてきた。タモリは、そういう人たちを「ことば」の領域で救済したと言うべきである。

タモリを戦後日本という社会的な位相においてとらえるならば、「何だか東京に出て行って働かなければいけないし、その東京では、よくはわからないがまわりの皆に合わせなければ仕方ないし、なんとなく不自然だけど東京風にしゃべらないと生きていけないし」と思ってきた都会人マジョリティを、お昼のひととき「意味のない笑い」で慰謝して救済したところにタモリの社会的な意義があった、と言うべきである。

「ことば」そのものを笑う、というタモリの芸は他の追随を許さないほど特異で素晴らしい。しかし、タモリが「ことばの意味」からの束縛を逃れようとするあまり、「ことば」そのものを重視しない考えに至ったことには賛同できない。なぜなら「ことば」は決して人間が意味を伝える利便さのために発明した「道具」ではないからである。

「ことば」は、ヒトが人であるための存在的根底である。「ことば」は、「思い」という情緒交換の機能と、「意味」という情報伝達の機能が不可分に結びついているものなのだ。私たち日本人に問われているのは、産業社会で生きるための「社会的道具」になり下がってしまった「ことば」を、人間本来の「ことば」に復権させることである。そのためには、しっかりとした情緒のこもった「生活ことば」の強さを認識しなければならない。

第四章　新聞の「書き言葉」とテレビの「話しことば」との闘い

これまでで日本の近代社会では「話しことば」の領域において、「標準語＝東京語」が「生活ことば」よりも優れていると教えこまれてきたことの間違いを指摘してきた。その根底には近代日本の「国民国家」形成の歴史があり、戦後日本の経済効率主義があることも指摘した。そして一九八〇年以降のテレビの歴史をたどるなかで、優れた「お笑い芸人」たちが「生活ことば」の復権を意図し、現在もなおその闘いが続いていることを見てきた。本章では、日本の近代社会で教えこまれてきた「ことば・言葉」についてのもう一つの大きな間違いについて考える。それは、「書き言葉」のほうが「話しことば」より優れている、という文字優位思想のことである。

◇「活字が電波を支配する」の言語的意味

災害時のインタビューや事件の近辺での取材などで、新聞記者と接したことのある人ならば誰もが思うことだが、新聞記者という人たちはなぜあんなに偉そうにふるまい、偉そうにものを言うのだろう。その理由は簡単なことだ、彼ら新聞記者という人たちは本当に自分たちが偉いと思っているからだ。自分たちは世間の一般民衆に比べて偉い、と思いこんでいるからだ。なぜそう思い込むことができるのかというと、自分たちは「ことば・言葉」のなかでも高級な「書き言葉」に精通習熟しており、その高級な「書き言葉」を使って一般民衆には理解できないような政治・経済・法律・倫理といった高等なことがらについて語ることのできる、優れた人間だと考えているからである。自分たちは言語エリートだと信じ込んでいるのだ。新聞記者や、学者や、高級官僚や、政治家といった現代日本社会のエスタブリッシュメント（既存の支配層）の優越意識の根底には、「話しことば」に対する「書き言葉」の優位思想がある。もちろんそれは、言語の基本として誤っている。

何度も繰り返すが、とても大事なことなので、ヒトにとって「ことば・言葉」とは何かを、もう一度原点から考えておこう。現生人類ホモサピエンスがアフリカに現れたのが二〇万年前で、一〇万年前から「ことば」を使うようになった。それは「話すことば」であって、「文字」を使うようになったのは、たかだかここ五〇〇〇年である。日本に限って言えば「文字」を使うようになってせいぜい一七〇〇年くらいしか経っていない。「話すことば」はヒトにとって本能的なもので、「文字の言葉」は人工的なものである。ヒトにとってどちらが本質的に重要なものかは明らかである。人類学の知見に立たなくても、私やあなたの人生を振り返ればすぐにわかるだろう。ヒトは母から産まれてきて、もの心ついたら知らないうちに「ことば」を話すようになっていた。母（あるいは母の役割を果たしてくれる人）から教わって、いつのまにか「ことば」を覚えていたのだ。学校にあがる前からほとんどの人は「ことば」を話すようになっている。「話すことはつねに書くことに先行する」のだ（田中克彦『ことばと国家』）。

　ところが、日本の学校制度では小学校に入ると「文字」を使って「読み書き」を教えてゆく。ひらがな、カタカナ、漢字、より難しい熟語や四文字熟語を「文字」で教えてゆく。そこでは、ヒトの生活にとって本質的な「聞く・話す」は教えられない。なぜかと言うと、明治以降、日本の学校制度を運営してきた基本的な考えは、人間はほうっておいても自然に「話す」ものだから、わざわざ学校で教える必要はない、学校で教えなければならないのは自然な「聞く・話す」能力ではなくて、広い社会に出て働くようになったあとに役に立つ「読む・書く」能力なのだ、という思想だからである。それは文部官僚の次の文章からも明らかである。

　学校教育は、本来の性格上、人為的、計画的な教育である。従って、そこでの国語教育の対象となる言語は、国民生活の中での基準性・規範性・標準性をもつものであることは当然である。
（藤原宏・文部省初等中等教育局調査官『標準語と方言』文化庁、一九七七年）

学ばなくても自然に話せる「ことば」と違って、「文字の言葉」は訓練を必要とする。時間もかかるし、お金もかかる。暮らしに余裕のある人間ほど修得に上達する可能性が高い。そして、学校などで行われるテストは必ず「文字」で書かれた問題に「文字」で答える。「文字による試験」で高い得点を取ることのできた者が、いい高校やいい大学に行き、いい会社に入って立派な肩書を得て偉くなったとほめられる。

こうして近代的国民国家で生きる「近代的な日本人」を作り出すために、あるいは先進国化された産業社会で生きる「現代的な日本人」を作り出すために、「書き言葉」と「標準語」を優位視する言語思想が国策として打ち立てられ、明治から戦後を経て今に至るまで学校教育とメディアによって私たち日本人に植えつけられ続けてきたのだ。この価値観に順応し「書き言葉」に習熟した者たちが、社会のなかで高い地位を得て、社会的に影響力を行使できる言語エリートとなりエスタブリッシュメントとなった。

新聞記者は、時の政府を批判したりするのだから社会体制のなかで既得権者ではないのではないか、と思う人もいるだろうがそうではない。新聞という活字メディアを使って、自分の見聞きしたことや自分の考えを多数の人に伝えることができる、ということは大変大きな伝達能力をもった既得権者である。情報伝達力は権力の大きな要素である。新聞が「第四の権力」だと言われる本当の理由はここにある。テレビ番組の制作に従事する人たちも、社会の権力構造のなかでは既得権者であるということを自覚しなければいけない。一般民衆は、自分が美味しいと思うおすすめの店を多くの人に広める術をもってはいない。自分が面白いと思うお笑い芸人を世間に広く紹介する術をもってはいない。新聞記者もテレビマンも、情報産業社会において「権力者-被権力者」という構図のなかでは明らかに権力者の地位にいる。

日本ではテレビ局の経営は誰もができるわけではない。いくらありあまる資財があっても好き勝手にテレビ局の経営者になれるわけではなく、政府の許認可があってはじめてテレビ局を作り経営することができる。電波が国民共有の財産だからである。新聞社は許認可事業ではないが、高額にして大容量の印刷機械や配送網を整備するには相当の資力が必要となるから、実質的には許認可事業に近い。

さて、「活字が電波を支配する」とは、テレビ局の草創期において、朝日、読売、毎日、産経、日経といった大手新聞社がその設立に際して、資本面と人材面で支えたことを通常は意味する。既成の大手新聞社が新興のメディアであったテレビを新聞経営の新たな一部門として支社化するところから日本のテレビ局はスタートしたのだ。

新聞経営にとっての一部門というとらえ方であったから、テレビ局の社長はほとんどが新聞社からの出向であった。新聞社とテレビ局の関係は、経営資本上での支配・被支配という上下関係だったのだから、それはある意味で当然でもあった。しかし、年を追うごとにテレビが日本人の家庭に入り込み定着していき、その媒体的価値は高くなっていった。いつの間にか、企業としての収益性においてテレビは新聞を超えた。今や、テレビ局は日本の全企業のなかで最も収益性の高い業種となった。表4－1の「平均年収トップ五〇〇社ランキング」から上位三〇社を見れば、そこに多くの東京キー局や大阪準キー局といったテレビ局が並んでいることがわかる。

ここからわかるように、企業の収益性においてテレビ局はすでに形成母体であった新聞社を抜いている。それにもかかわらず、これらテレビ局の会長や社長といった経営トップの多くはいまだに新聞社の出身者で占められている。母体である新聞社が弱体化してきた『毎日新聞』や『産経新聞』においては、系列下にあるTBS東京放送やフジテレビの発言力が相対的にかなり強くはなっているが、『朝日新聞』や『読売新聞』や『日経新聞』の系列化にあるテレビ朝日や日本テレビやテレビ東京においては、その実質的経営権や人事権は母体である各新聞社が握っているままなのだ。新聞社から出ているテレビ局の会長や社長は、本体の新聞社においてはトップ経営者になれなかった人たちであり、メディアグループ内の序列では新聞社のほうが圧倒的に上位である。これが、新聞とテレビという日本における二大メディアの相互関係の実状である。

私企業としての経済論理からしても、メディアとしての媒体価値の高低からしても実態にそぐわないこういう状態が、なぜ成立しているのか？　その理由は、新聞とテレビの間に、メディアとしての価値の優劣意識が存在しているからである。すなわち「新聞は高級なメディアであり、テレビは低級なメディアである」という優劣意識である。そして、その優劣意識の根底を成しているのは、新聞は「書き言葉」という高級な「言葉」を使うメディアであり、テレビは「話しことば」という低級な「ことば」を使うメディアである、という言語の優劣価値観にほかならない。このことこそが「活字が電波を支配する」の現実的な意味であり、日本のマスコミが抱えている最大の病理である。

「ことば・言葉」についての間違った価値観にもとづいた、メディア間の優劣意識は新聞とテレビの経営者のレベルだけではなく現場の新聞記者一人一人や新聞社の社員全員にあまねくゆきわたっている。新聞社で働く人間のほとんどすべての者が、「メディアとして新聞のほうがテレビより格上」

表 4-1　東洋経済社による平均年収ランキング（1～30位）

順位	社名	平均年収(万円)	平均年齢(齢)	従業員数(人)
1	M&A キャピタルパートナーズ	2,253	30.5	40
2	GCA サヴィアン	2,153	37.1	110
3	キーエンス	1,688	35.3	2,063
4	朝日放送	1,518	42.5	655
5	TBS ホールディングス　純	1,509	51.3	85
6	日本テレビホールディングス　純	1,469	48.1	155
7	フジ・メディア・ホールディングス　純	1,447	43.1	38
8	テレビ朝日ホールディングス　子	1,433	42.1	1,166
9	伊藤忠商事	1,395	41.5	4,291
10	日本 M&A センター	1,385	34.6	237
11	三菱商事	1,375	42.6	6,322
12	スクウェア・エニックス・ホールディングス　純	1,374	45.3	21
13	三井物産	1,361	42.4	6,085
14	テレビ東京ホールディングス　純	1,330	45.3	124
15	丸紅	1,306	41.5	4,379
16	電通	1,301	39.5	7,261
17	住友商事	1,300	42.8	5,429
18	ヒューリック	1,295	40.9	128
19	ファナック	1,276	43.7	2,764
20	三井住友トラスト・ホールディングス　純	1,249	45.4	40
21	スカパー JSAT ホールディングス　純	1,231	47.2	27
22	RKB 毎日ホールディングス	1,218	43.1	223
23	東急不動産ホールディングス　純	1,212	46.2	43
24	野村ホールディングス　子	1,193	40.0	12,928
25	ジャフコ	1,176	41.8	111
26	アクセル	1,173	40.6	84
27	大和証券グループ本社　純	1,170	41.8	606
28	MS&AD インシュアランスグループホールディングス　純	1,153	46.9	308
29	ランドビジネス	1,145	45.1	17
30	サンバイオ	1,135	41.5	5

出所）東洋経済オンライン「最新！『平均年収トップ500社』ランキング」（2016年）（http://toyokeizai.net/articles/-/118815?page=2〔2017年３月27日閲覧〕）。

だと思っている。テレビが、いくら高い収益をあげて一般民衆に対する情報伝達力の高い媒体となっても、新聞人から見れば「しょせんテレビが」である。テレビに出て、多くの民衆に影響を与えるようになったタレントに対しても新聞人は「しょせんテレビ芸人が」と見下している。

悲しいことに多くのテレビ人たちは、新聞人が抱いている間違った言語優越意識に対して正当に反論する論理をもてずに、不服ながらも劣等感を抱き、卑屈な態度を取り続けながら日々の仕事をこなしている。そんななかで、ビートたけしや島田紳助や明石家さんまやダウンタウン松本人志といった優れたお笑い芸人たちだけが、「人間の暮らしにとって大切なのは、書く言葉よりも話すことばだ」という信念をもって対抗してきたのだ。

◇言語エリートと差別意識

マイノリティの立場から日本のメディアの構造的歪みを見抜いているマツコ・デラックスは、次のように書いている。

新聞とか大手週刊誌などの活字メディアって、まだ自分たちが特権階級だって意識があるんだと思う。〔中略〕それが驕りや過信につながっているのよ。（『デラックスじゃない』双葉文庫）

マツコは続けて、テレビは活字攻撃をほとんどしないが活字メディアのほうはテレビ攻撃をし続けていることの理由についてこのように分析している。

あるとき、ハタと気がついたの。これ、コンプレックスなのね。不景気になったとはいえ、番組制作の予算とか影響力の面で活字媒体はテレビにはかなわないからね。〔中略〕ヘンなプライドがあるから、活字の人間のテレビに対するコンプレックスが「テレビ攻撃」になっちゃうわけ。ジェラシーが入っているから、ホント、タチが悪いのよ。

マツコは活字メディア従事者の優越意識とその裏返しであるジェラシーを鋭く見抜きながら、テレビメディア従事者の側の劣等意識をも見抜いている。

テレビの人間にも活字コンプレックスはあるよ。テレビは「メディアの王様」と言われても、常に新聞や週刊誌からバカにされてきたでしょ。だから、そこには自虐があるんだよ。テレビの人間って、「どうせオレたちなんて……」という意識があるの。でも、新聞や雑誌を羨ましいとは思っていないの。ジェラシーもない。純粋にコンプレックスが増幅してるだけ。

「文字の言葉」による活字メディアと「話しことば」による電波メディアとの、このような不健全な優劣意識の根源は、「書き言葉」のほうが「話しことば」よりも優等だという間違った言語価値感にある。この優劣価値観にもとづく言語エリート意識が様々なところで特権意識を生み出し、社会のいろいろな場面で構造的な差別を拡大再生産しているのだ。「文字の言葉」はヒトにとって本能的なものではなく、学校教育などであとから習うものだから、その知識量には多い少ないの差が必ず出るものである。「文字」は、その本質からして差別を産み出す。「書き言葉」に習熟することによって社会的上昇を勝ちえて、「書き言葉」をなりわいとして金を稼ぐようになった人にとっては、たくさんの「文字の言葉」や「難しい漢字」や「難しい本の知識」を知っていることが社会的地位の保全と収入の手段となる。「文字の言葉」を多く知っているほど賢くて偉い人だとなるのである。

言語エリート意識をもつ人間は、必ずと言ってよいほど、民衆が知らないような難しい「文字の言葉」を持ち出したり、民衆が知らないような古典や西洋の「本の言葉」を持ち出してくる。その典型が、『朝日新聞』の「天声人語」であり、『読売新聞』の「編集手帳」である。二〇一一年三月に起きた東日本大地震の際に書かれた「天声人語」を全文引用してみよう。

題は「時計」である。〈きんやさんの手にかいた時計／一日たっても動かない／赤いいんきでかいてある／いつもおやつの時間です〉。少女の観察は、わんぱくな級友にも優しい。62年前の10歳の作を『詩のアルバム』（理論社）から引いた▼震災は、いくつもの時計を「おやつの時間」で止めた。教室の壁で、がれきの下で、もの言わぬ人の腕で。最初の揺れから津波が猛《たけ》るまで、午後3時を挟んで何千何万の時が止まった▼石巻市の大川小では、全児童108人のうち無事は

3割という。それは北上川を5キロ走り、下校前の子と先生方をのんだ。泥と油が臭う現場では、わが子の生きた証しを求め、学用品の山に名前をさがす親が今も訪れる。何日も、声がかれるまで叫んだであろう名を▼〈俺に似よ俺に似るなと子を思ひ〉。大正から昭和期の川柳作家麻生路《じ》郎《ろう》は、句の通りの子煩悩だった。それゆえ長男を小学生で亡くした悲嘆は大きく、一周忌に〈湯ざめするまでお前と話そ夢に来よ〉を捧げている▼震災で愛児を失ったご両親の思いも同じであろう。夢に来る顔、湯ざめするまで話し込む声は、永遠《とわ》に7歳や10歳や12歳。時はあの日のままだ。どうしてうちの子がの涙に、かける言葉はない。どうか自分を責めないで、と願うばかりである▼帰らぬ児童・生徒は、岩手、宮城、福島の3県で計千人を超えた。未就学の犠牲も多い。何の慰めにもなるまいが、その子の命日は、この国も誰もが胸に刻んで生きてゆく。時計たちが、忘れてはならない時刻で針を止めたように。（二〇一一年三月二九日）

原文横の傍線は私が引いたものである。この手の文章を書く際のテクニックがよくわかる部分である。まず書き出し部は、読者が「おやっ？　何だろう」と思うように、本論とは一見関係のない引用から入る。引用する出典はできるだけ多くの人が知らないもののほうがよい。それだけ読者をハッとさせ、自分の知識の広範さが示せるからである。「▼」の一つ目か二つ目からやっと本論部を書く。本論は結論部まで直送させずに途中でふたたび別の引用を出して話をそらす。これもできるだけ多くの人が知らない出典からがよい。難しい漢字には音読みや訓読みで使いわけるためにルビを打つ。そして文章の最後は、一見関係ないように思わせた書き出し部に無理やりにでも合わせる。文体は擬古文調にする。こうすれば、「上手な文章」ができあがる。これが、日本のクオリティ・ペーパーと言われる『朝日新聞』を代表するコラムである。朝日新聞社で最も文章が上手いと言われる新聞記者が書く文章である。

こういった「書き言葉」をお手本として学校教育で教えてはいけない。冷静になって読んでみればわかる。この文章が、大震災や津波で被害にあった人たちの胸に響く「言葉」だろうか。被災地から遠く離れた東京にある新聞社のデスクで、辞書を横に置き出典を確かめるために本のページを確認しながら書いた、技巧的でペダンチック（衒学的）な文章の言葉が、寒さと悲しさに震えながら現場で必死に生きている人たちの胸に響くはずがない。『読売新聞』「編集手帳」はさらに美文調でペダンチック（衒学的）の度合いが高い。

時計台の鐘が鳴り、雀《すずめ》と鳩《はと》が一斉に飛び立つ様を米国の作家ウィリアム・フォークナーはこう形容した。「清純な原始の大気を時間と永劫《えいごう》の最初の高らかな鐘声《しょうせい》で粉砕したかの如《ごと》くである」――『尼僧への鎮魂歌』の一節だ◆人間にとっては定時の鐘なのに、雀や鳩は天地開闢以来の出来事かのように驚き、あわてる。とすれば、実は神の視座からは定期的な事象に対して、我々は驚愕《きょうがく》しているのかも知れない◆東日本大震災は我々にとって「想定外」の災厄と思えた。だが、平安時代の869年に宮城―福島県沿岸部を襲った貞観《じょうがん》津波の例などを踏まえれば、本来は数百～千数百年単位で繰り返される自然現象と捉えるべきなのだろう◆むろん、防波堤も原発も、費用対効果を無視はできない。あらゆ事態を「想定内」として被害をゼロにする神業は無理だとしても、被害を最小限にするための二重三重の対策は粘り強く追及し続けたい◆我々が、いつか再び巨大な天災に直面することは避けられまい。今回の「警鐘」を真摯《しんし》に受け止めて、どこまで次の「鐘」に備えられるか。それこそが雀や鳩との違いであろう。（二〇一一年四月一八日）

こちらも原文横の傍線は私が引いたものである。日本の大災害のことについて何かの思いを伝えようとするのに、なぜ米国の作家ウィリアム・フォークナーの引用から入らなければならないのか。『朝日』の天声人語と文章構成のテクニックは一緒である。誰もが知らないような文章を引用し、難しい漢字をルビを打って使い、文章の末尾は一見関係ないように思えた冒頭部につなげて終わる。なるほどこの文章を書いた人は「書き言葉」に熟達しており、難しいことをたくさん知っている人なのだろう。新聞社で偉い記者さんなのだろう。しかし、この人は被災地で悲しみながら苦しみながら必死になって今を生きている人たちの心を知らない。日本の各地で、親戚や知人の安否をきづかい、想像できなかった災害の怖さに不安をつのらせている民衆の心を知ってはいない。大新聞の、こんな「高級な書き言葉」よりも、被災地の人々の胸に届き、日本全国で被災地に思いを寄せた人々の胸に響いたのは、現地で懸命に活動していた自衛隊員のヘルメットに書かれていた「がんばっぺ！　みやぎ」であり、腕章に書かれていた「けっぱれ！　岩手」であり、「まげねど！　女川・石巻」という

「ことば」ではなかったか。まさしく、「文字で人をたぶらかしながら仕事をする人は、オトに感じるからだの感覚をほとんど失ってしまっているのである」(田中克彦『ことばとは何か』)。

◇新聞話者になるな——新聞記者は話すのが下手

新聞記者は総じて話すのが下手である。話すことを軽視して、話す練習をしてこなかったのだから当然である。ひたすら「文字で書く言葉」による表現を練習して、それで給料をもらっているからである。「文字による書き言葉」をなりわいとしている職業の代表と言える。新聞記者は入社すると「新聞話者になるな、新聞記者になれ」と先輩から教えこまれる。会社員としての業績を測る尺度は当然ながら、記事として書かれた文章である。いくら「話し」がうまくてわかりやすくても、それは新聞記者としての業績評価とは無関係であり、それどころか逆に「あいつは書き屋ではなく話し屋だ」と低く評価される。『報道ステーション』などのテレビ番組で、解説者やコメンテーターとして登場する新聞記者がいるが、あの人たちは新聞記者としては「話し」がうまい人たちだが、新聞社内でのヒエラルヒーは決して高くない。

「文字」というメディアが本質的に差別性をもっているということを述べたが、優劣意識の確立と再生産のためには、必ず当事者たちが一つの価値基準のもとに比較判定される場が存在していることが必要となる。言語学者のましこ・ひでのりは、この場のことを「土俵」と呼んでいる。

優位者が確立し優劣関係が再生産されるためには、「劣位」の劣等感が形成され持続し、それをかがみとして優越感が維持されるよう、「闘技場」ができあがるということだ。（ましこ・ひでのり『ことばの政治社会学』）

新聞記者にとっての「闘技場」である「土俵」には、新聞記事を書くための「書き言葉」のまわしを付けた者しか上がれず、「話しことば」というまわしを付けた者は上がらせない。その「土俵」の上では文章技術の巧拙と、その文章の社会的影響力の大小が序列を決めてゆく。これが新聞社内で、政治部‐経済部‐社会部‐文化部、という権力ヒエラルヒーが形成される仕組みなのだ。新聞社での社内出世と社長選出が、この社内ヒエラルヒーにもとづいてなされていることは今や世間で周知のこととなっている。

また、優劣意識の確認と再生産のための装置として、ヒエラルヒー構造からなる社会は必ずその階層にしか通用しない「業界用語（ジャルゴン）」を作り上げてゆく。政治が政治家にしか通用しない用語を作り上げることによって特権階級意識を維持してゆくように、新聞の政治部はそこでしか通用しない用語を作り上げ、それを使いこなすことによって自分たちの特権階級意識と優越感を維持してゆくのだ。こうして新聞記者たちの「言葉」はどんどん私たち一般民衆の「生活ことば」から離れてゆく。本来ならば、一般民衆にわかりにくい政治や経済の「言葉」を、私たちにわかりやすい「言葉」に翻訳して伝えなければならないはずの新聞の「言葉」が、逆に政治や経済をますます私たちから遠いものにしてきたのだ。

次にあげる新聞コラムから、新聞社の政治部の実態をかいま見ることができる。二〇一六年一月七日の『朝日新聞』朝刊にのった「政治は決して遠くない」と題された記事で、筆者は秋山訓子という女性の編集員である。まず、私は彼女の名前が読めなかった。インターネットで検索してはじめて「訓子（のりこ）」と読むことがわかった。新聞の「書き言葉」は基本的に「オト」を軽視している。

この論説コラムのなかで秋山氏が正直に語っている前半部分こそが重要だと思うので、その部分と結語部を引用する。

ザ・コラム　政治は決して遠くない　秋山訓子（編集委員）

〔略〕
私が朝日新聞に入社したのは1992年。同期の3割ほどは女性でした。しかし、98年に政治部に異動すると、60人くらいの部員のうち、女性は2人だけ（今は6人）。私以前に政治部にいた女性は合わせても10人に満たない。
着任の部会で目の前を埋め尽くした灰色のスーツ軍団に、20代の私はただただ圧倒された。頭の中が真っ白になり、あいさつを促されて「私はグレーの世界に来てしまいました」と口走った。
それからの日々はグレーどころではない。真っ黒だった。一番こたえたのは、政治記者と呼ばれる人たちが何を話しているのか、さっぱり理解できなかったことだ。私の使う言葉が通じないところに来てしまったと感じた。

政治取材は伝統のもとに積み上がり、政治記事は細かいルールに満ちていた。「政府首脳」「党首脳」「政府関係者」……。誰をさすか、実は決まっている。まだ激しい派閥抗争もあり、「うちのムラが」などと、代理人のようにふるまう記者もいた。

「政治記事は、対象の政治家へのラブレター」という人もいた。政治家の懐深く入り込むためそういった側面もあるかもしれないが、戸惑うばかり。政治が、政治家と官僚、ごく限られたメディアなどでつくる、特殊な閉じた世界に思えた。

◇

〔略〕
今、NPOの数は5万を超える。2度の政権交代があり、昨夏の安保法制審議では多くの人がデモに参加し、我がこととして政治を考え、自分の言葉で語った。自分の頭で手で政治を考え、変えようとする。そういう人が確実に増えていると思う。
政治は、決して遠い彼方《かなた》の話ではない。

原文横の傍線は私が引いたものである。このコラムの論旨は、政治部に異動になった秋山氏がその異様さに驚いたものの、やがてさまざまなNPOの人たちに出会ったことにより、NPOに新たな政治の形を見出して、NPOの人たちの語る言葉に政治の未来を託す可能性があると思った、というものである。いくらタイトルと結論部で「政治は決して遠くない」と秋山氏が掲げようとも、政治記者という集団内でだけ通じるジャルゴン（業界専門用語）を使うことによって一般人が理解することを妨げ、政治を「遠い彼方の話」にしているのは、彼女の所属している新聞社の政治部ではないだろうか。これが、男女平等参画社会を唱え、庶民の政治参加を標榜している朝日新聞社の政治部の現場の実態である。

「書き言葉」は差別性という性質をもっており、その「書き言葉」をインフラ（基盤）として成立している組織は必然的に差別的構造を形成する。新聞社という組織は、私が知るかぎり、日本で最も差別的構造に満ちた階層組織である。

ここまで、三つの新聞コラムを取り上げて「書き言葉」優位思想にもとづいた言語エリート意識を確認したが、一般記事の文章についてもふれておきたい。近頃やっと新聞の一般記事にもその文章を書いた記者の名前が（　）で記されることが増えてきたが、それでもまだ基本的に新聞の文章は無署名である。誰が書いたかがわからない。

新聞記者は入社するとまず、「私」を使わずに文章を書く練習をさせられる。「私、のいない文章で客観的に伝えることが新聞の基本なのだ」とたたきこまれるのだ（森本哲郎『「私」のいる文章』ダイヤモンド社）。これは戦後日本の新聞メディアの基本原則となっている「客観報道」という考えの言語的現れであるが、その結果として新聞の文章は、まるでその現場を人間ではなく全能の神様が見ていて書いたかのような「事件が自ら語る」文章となる。今でもしばしば目にすることがあるが、「昨夜遅く、閑静な住宅街でいきなり大きな爆発音が鳴りひびき、あっと言う間に空にも届くほどの炎が燃えあがった」というような文章である。少し考えればわかることなのだが、誰もが寝静まった時間にいったい誰がそれを聞いたのか、誰がその炎を見たのか。その文章を書いた記者がそこにたまたま居合わせたのか、そんなわけはないだろう。

このような不思議な文章が成立して広まっている理由として、日本の戦後ジャーナリズムが依拠してきた考え方が「言葉によって人間は世界の事象を客観的に認識することができ、客観的に叙述することができるのだ」という、誤った「近代合理主義の言語観」にあるということを玉木明は解き明かしている（玉木明『ニュース報道の言語論』洋泉社）。この錯誤にもとづいて制度化された「無署名性言語のシステム」が、日本の新聞メディアの抱えるもう一つの病理である。そして、ここでも根底を支えている価値観として「書き言葉」優位の思想と、その「書き言葉」に習熟した者としての言語エリート意識が横たわっているのだ。

◇『朝日新聞』問題の本質

「書き言葉」優位思想の顕著な例が、『朝日新聞』の「吉田調書事件」である。「吉田調書事件」とは、二〇一一年三月に起きた福島原発事故の発生直後に、福島原発第一発電所の吉田昌郎所長の命令に反して約六五〇人の原発作業員が原発から撤退して「逃げていた」と、スクープした『朝日新聞』の記事のことである。この記事が『朝日新聞』の朝刊一面に載ったのは、二〇一四年五月二〇日のことで、見出しは「所長命令に違反　原発撤退」であった。ところが、事実はまったく違っていた、ということがのちに判明して、『朝日新聞』は「吉田調書」の記事を取り消して謝罪せざるをえなくなり、木村社長は退任に追い込まれた。

この事件をめぐっては、多くの『朝日新聞』批判が社の内外から浴びせられたが、最も留意すべき点は、その記事を書いた記者たちが論拠にしたものが、「吉田調書」なるもの、正確には「政府事故調査・検証委員会による吉田昌郎・東京電力福島第一原子力発電所長への聴取記録」の「文字」だけだったというところにある。報道の大原則としての当事者への取材——この場合は、「逃げ出した六五〇人」への直接取材——をまったくしていなかったということが致命的な誤報の原因となるのだが、そのことよりも本当に問題にすべきは、記者たちが「文字——書き言葉」だけに頼ったという点なのである。報道の倫理だとか、取材の原則だとか、そんな難しいレベルのことではない。世間の一般民衆の日常生活のレベルで考えたら、すぐにわかることだ。「字」だけ読んで、人の「話し」を聞かなかった、ということである。「文字——書き言葉」のエリートたちが、「文字——書き言葉」によって失敗した典型である。

朝日新聞社内の有志によって書かれた『朝日新聞・日本型組織の崩壊』（文春新書）という本がある。そのなかで、有志の記者たちは、「朝日危機の本質はイデオロギーではなく企業構造にある」と書いたが、では、なぜ、そういった企業構造が生み出されたのか、にまでは考えが及んでいない。有志の記者たちも自らの言語エリート意識の根源に気が付いてはいない。

「文字」は、人間社会にとても大きな恩恵をもたらしてくれた。しかし「文字」は、本質的に差別性を内包したメディアである。したがって、「文字」をなりわいとする組織は必然的に差別的な構造を形成する。「ことば・言葉」に関する本質に気が付かないかぎり、『朝日新聞』の「硬直化した官僚主義、記者たちの肥大した自尊心、エリート主義、などなど」（『朝日新聞・日本型組織の崩壊』文春新書）の再生はありえない。

◎テレビ報道の「ことば・言葉」の優劣構造

新聞人の「書き言葉」優位のエリート意識はテレビ報道の「ことば」にも大きな影響を及ぼしている。テレビのニュースを見ていると、おかしな現象に気づく。事件の現場から報道記者がレポートするときには、必ずといってよいほどA4サイズくらいのバインダーを持っている。しゃべり始めるときには記者の顔が映っているが、一〇秒くらいたつと画面はVTR映像に変わり、レポートの最後部分だけもう一度記者の顔が映って、「現場から〇〇がお届けしました」と終わる。ときどき、VTR画面への切り替わりが遅かったり、VTR画面からの戻りが早かったりするとよくわかるのだが、記者はカメラではなくバインダーを見ている。テレビの報道記者はテレビカメラに向かって「話している」のではなく、あらかじめ書いて手元に持っている原稿を「読んでいる」のだ。正確さを求められる、現場の地名や被害者の名前や数字ならメモが必要なことはわかるが、そうではない。レポート全体をあらかじめ文章化して「読んでいる」のだ。本来は「話しことば」のメディアであるはずのテレビなのに、日本のテレビ報道は「書き言葉」に頼って成立している。

テレビの報道記者も総じて「話す」のが下手なのである。なぜなら「話す」ことを練習しておらず、「話すことば」で伝えることを軽視しているからである。この理由は、テレビの報道の言語形式がメディアとしての先輩である新聞を模範として成り立ってきた、という経緯による。さきほど述べたように、日本のテレビ局はその生成において新聞社から資本と人材の提供を受けて生まれた。それだけではなくテレビの中核をなすニュース報道の言語形式も「書き言葉」からできている新聞記事をひながたにしてできあがってきた。いわば、新聞がテレビに対して「ニュースはこういうふうに作るのだよ」と教えてきたのだ。

東京キー局を中心にして全国の系列テレビ局をANNとかJNNとかNNNとか呼ぶ場合の「NN」とはNEwS・NETWORKの頭文字の短縮形であり、国民共有の財産である電波を使う放送事業の基本業務はニュースの収集と配信である。だから、何か大きな事故や災害が起きた場合にはテレビは、どんなに人気のドラマがあろうともバラエティがあろうともそれを止めてニュースを伝えなければならない。通常は放送面積が小さくてもニュースはテレビ局にとって基幹事業なのである。その基幹たる報道という部門において「書き言葉」の新聞が「話しことば」のテレビを指導してきて、今も支配している。

テレビの報道記者が最初に覚えさせられる仕事は「リライト」である。「リライト」とは、新聞記事をテレビニュース用に短くしたり、長い文章をいくつかの短い文章に直したり、同音意義の多い漢字を言い替えたり、記事の語尾を「話しことば」の「です・ます」に書き変える作業をいう。読みやすい文章、聞きやすい文章にする作業で、あくまで「書く」練習である。表現形式において新聞の真似をしているから、いつまでたっても「書き言葉」という「土俵」の上で新聞記者はテレビの報道記者に対して優越感を抱き続け、テレビの報道記者は新聞記者に対して劣等感を抱き続ける。「活字が電波を支配する」ということの精神構造上の優劣意識はこうして再生産されている。

さらに、テレビ局の内部において報道に従事する者は、情報番組やバラエティ番組に従事する人間を劣位者とみなして自己の優位性を保とうとする。優劣意識の再生産の連鎖である。そんな歪んだ精神構造は「話しことば」で生きている人間からは素通しで見えている。このことをマツコ・デラックスは的確に捉えている。

テレビ局の中でも、ニュースを扱う報道局にはヘンなプライドがあって、社内の中でも違った世界を作っているのね。バラエティを作っている連中も「視聴率で足を引っ張っているくせに、報道というだけで偉そうにしやがって。テレビの報道なんてＮＨＫに任せていりゃいいんだよ！」って吐き捨てているもん。（『デラックスじゃない』）

◇報道記者とアナウンサー

「書き言葉」優位の言語観の結果として、テレビの報道記者はテレビカメラの前でバインダーに書いた原稿を読んでしまうから、スタジオのゲスト出演者から予期せぬ質問が出たときには「話して」応答することができない。それがわかっている司会者はあらかじめ予定された問いかけ以外はしない。こうして「持ち時間は五〇秒で」などという約束のもとに一方的な報告がなされる。また、日本のテレビの報道記者は「話す」ことだけでなく「読む」ことも訓練をしないから、「読む」ことすら下手である。テレビのニュースで報道記者が現場から中継をするのを聞いていて、まるで中学生が教科書を読むように変な抑揚で声を上げ下げしながらレポートする場面に出会うことがあるのはそのためである。

読むのが下手な報道記者の代わりに、テレビのニュース報道では「読む役割の人」が求められる。これがアナウンサーである。そこで使われる「ことば」は「代理人の言葉」（寺山修司『戦後詩』）にほかならない。アナウンサーは、自分が取材したわけでもないのに記者の誰かが取材して書いた原稿を上手に読むことを基本的な業務とする職業である。そこに求められるのは「良い声」であり、テレビ映りのための「綺麗な容姿」である。ミス・コンテストに準じる女子アナ選びがなされ、見事選ばれた女子アナは「標準語」の修得を義務付けられ、やがて三〇歳になる前には若い女子アナとの交替のために自主退職を求められる。

これが日本のテレビの「ニュースの言語」の実態であり、最先端を行っているはずのテレビメディアの労働の実態である。すべては「書き言葉」優位の言語価値観に源を発している。そして、「代理人の言葉」を生み出すための「文章の大量生産システム」として役に立ったのが、新聞から伝授された言葉――「叙述の一人称が不在の無署名性言語」――であったのだ（玉木明『ニュース報道の言語論』）。テレビのニュースや情報番組で流れるVTR部分のナレーションを聞いてみればよくわかるのだが、新聞記事と同様に誰が取材をしたのか、誰がその原稿を書いたのかが不明の文章を、アナウンサーかアナウンスタレントが声色を付けて読んでいる。「書き言葉」優位の言語価値観は、こうやってテレビの報道の言語空間を歪めてきた。

日本のテレビ報道の歪んだ言語空間に染まることなく、きちんと自分で取材して自分で「話して伝える」ことのできるテレビの報道人がわずかながらいることは言い加えておく必要があるだろう。桜井よしこを始め、元ＮＨＫの磯村尚徳《ひさのり》や手嶋龍一といった人たちがそうであるが、この人たちがいずれも外国メディアや海外支局の経験者であるという事実が、逆に日本のテレビ報道の言語空間の異様さを示している。

◎新聞の敵は、新聞人の言語エリート意識である

「書き言葉」優位の価値観に依拠して、言語エリート意識を抱いてきた「新聞の言葉」に拮抗する「言葉」とはどのようなものかを考えてみる。典型的な例として「夢」という言葉をあげる。新聞が最も好んで使う文字の一つ、と言ってよいだろう。「若者の夢」「夢をあきらめない」「夢のある社会」「努力して夢を叶える」。――こういった文字が、高校野球やスポーツやオリンピックに関する記事では紙面に飛び交う。特に高校野球の記事となると「夢」と「青春」と「美しい物語」のオンパレード

である。「夏の甲子園」は、朝日新聞社と高野連（高校野球連盟）の主催であり、「春のセンバツ」は毎日新聞社と高野連の主催である。両新聞社にとって、このイベントは販売部数拡大の好機であるから、ここぞとばかりに「夢」を掻き立てる。

さて、そういった新聞の文章に対置して次の文章を出してみる。

そもそもウチの近所なんて、子供が「医者になりたい」って言えば、親は「無理だよ、お前馬鹿なんだから」。「新しいグローブが欲しい」って言えば「駄目だよ、ウチは貧乏だから」。それで終わり。馬鹿と貧乏で、ほとんどが解決していた。

一所懸命努力すれば、きっとできるよなんて絶対言わない。

「お前は、馬鹿なんだからやめなさい」

「学校なんか行かなくていいよ、どうせ頭悪いんだから」

「欲しけりゃ将来金持ちになって買いな。ウチは貧乏だから買えないよ」

そういうことの繰り返しだから、子供は自然と自分の分をわきまえるようになった。あきらめたり、我慢したりすることを、当たり前のこととして憶えるのだ。

〔略〕

けれど、そうやって子供に我慢を教えることが、ひとつの教育であることを、たいがいの親は知っていた。なぜなら、子供が大人になったとき、そこに待っているのは駄目なものは駄目な世の中だから。世間の風は冷たくて、我慢ができない人間は、落伍するしかないということを、誰もがよく知っていた。

しかし、その後の高度経済成長のおかげで、世の中の大半の人が、昔よりはちょっと楽な生活ができるようになった。〔略〕それで、勘違いしてしまったのだろうか。努力すれば夢はなんでもかなう、と。

だけど、それは大間違いだ。今も昔も、物事の本質は何も変わっていない。正しくいうなら、努力すればかなう夢もある、だ。

どんなに努力してもかなわない夢なんて、世の中に溢れかえっているじゃないか。（北野武『全思考』幻冬舎文庫、五六―五八頁）

文章横の傍線は私が引いた。これが一般民衆の生活から出る「言葉」というものである。「生活の思想」から出た「生活の書き言葉」である。ビートたけしは決して難しい漢字や誰もが知らないような出典をひけらかしたりはしていない。自分の生活に立脚した言葉で、自分の考えを書いている。だから、「言葉」が強い。読む人の心身にたしかに届くほどの強さをもった「言葉」である。ビートたけしが「夢なんかより、今を大事に生きることを教える方が先だ」と言い、「夢なんかかなえなくても、この世に生まれて、生きて、死んでいくだけで、人生は大成功だ」（北野武『新しい道徳』幻冬舎）と語るように、明石家さんまは笑いながら「生きてるだけで丸もうけ」と言う。自分の人生と生活に立脚して発せられた「ことば・言葉」は強い。身体性をもっているからだ。知識や教養をひけらかすような、浅薄な言語エリート意識から出た「ことば・言葉」とは、そこが根本的に違うのだ。

日本の新聞メディアが闘うべき相手は、決してインターネットなどのニューメディアではない。真の敵は、新聞人たちに沁みついた文字言語エリート意識である。範とすべきは、ビートたけしや明石家さんまやお笑い芸人たちの「ことば・言葉」であり、彼らを支える一般民衆の「生活のことば・言葉」である。

◇幸せに生きるために

私たち日本人が一〇〇年間にわたって抱いてきた「ことば」についての間違いに気が付かなければならない。「話すことば」のほうが、「書く言葉」よりも大切であること。「生活ことば」のほうが、「標準語＝東京語」よりも強いこと。「ことば」を使う生活では、先に「聞く」「話す」があって、後に「読む」「書く」があること。

「ことば」についての、人としての自然な基本に立ち帰ろう。そうすれば、私たちは、今よりもっともっと気楽に活き活きと話すことができる。それが、日々の暮らしのなかで「幸せ」をつかむ道である。

終章　まとめ　資料紹介と自己紹介をかねて

◇「ナショナリズムのことば」と「生活ローカリズムのことば」

ブリア・サヴァランの『美味礼讃』に、「あなたが、ふだん何を食べているか言ってごらんなさい、あなたがどんな人か言ってみせましょう」という言葉がある。このひそみにならえば、「あなたが、ふだん家庭でどんな「ことば」でしゃべっているか言ってごらんなさい、あなたがどんな人かを言ってみせましょう」となるだろう。

私たちは、家族や夫婦や親しい友人たちと、さしたる配慮もせず気楽にしゃべっている。それが、私やあなたの、人間として自然な「生活ことば」である。しかし、一歩、家から外に出ると、私たち日本人は「しゃべる」ことにとても不自由な縛りを感じてしまう。それは、日本の社会が「ことば・言葉」について、眼に見えない強い「価値規範」の網をかぶせているからである。しかも、それは「ことば・言葉」についてのとても間違った考えにもとづく「価値規範」なのだ。その一つは、「話すことば」より、「書く言葉」のほうが価値が高い、という考えであり、もう一つは、ふだんの暮らしで話す「生活ことば」より、よそゆきの「標準語」のほうが価値が高い、という考えである。この考えが広まったのは、決して昔からではなく、明治以降のたかだか一四〇年間のことにすぎない。明治政府が大急ぎで「近代国家」を作るために、そして「近代的な良き国民」を作るために、「話しことば・書き言葉」の「標準語」という考えを生み出した。戦後は、国家と産業資本が一緒になって大急ぎで「経済成長」を進めるために、そして「良き産業労働者」を作るために、「話しことば」の「標準語風の東京語」を広めた。それらは、いずれも人間として不自然な「ことば」である。

「お笑い芸人」とは、「良き国民」からも、「良き産業労働者」からも、外れた者たちにほかならない。だからこそ「お笑い芸人」たちは、私たち多くの日本人が無意識にとらわれている「ことば」の縛りごとから自由にふるまうことができている。

本書のタイトルである「お笑い芸人の言語学」とは、「お笑い芸人」たちが「ことば」をどのようにとらえて生きているかを考えることから、「ことば」に表象される私たちの社会の有り様を考えようという意図である。私たち日本人の「ことば」の価値規範の根底にあるものとは、「良き国民」として「良き産業労働者」としてふるまうことにより、「国民みんなが経済成長を果たして豊かな国になる」という「経済ナショナリズム」の思想である。それに対して世間の外れ者たる「お笑い芸人」たちは、自分の人生にのみ立脚して自分だけの「生活ことば」を使うことによって「生活ローカリズム」で拮抗しようとしている者たちだ。

「ナショナリズム」を超克できるのは、「グローバリズム」ではない。「ナショナリズム」を超克できるのは、「ローカリズム」である。

「ローカリズム」とは、人生は、一人一人が特殊で個別なものであること、それゆえに、取り替えがきかずに、かけがえのないものであることを、皆が相互に認め合う考えである。その考えの言語上での現れが、「生活ことばのローカリズム」なのだ。一人一人、違う人生を歩んできた人間が、それぞれ特殊で個別な「生活ことば」で自由にしゃべれる言語空間こそが、ほんとうに人間的で豊かな暮らしをもたらしてくれるのではないだろうか。

「社会」からの外れ者である「お笑い芸人」たちの「ことば」のなかには、私たちが幸せに生きてゆくための、とても大切なヒントが隠されている、と私は考えている。もちろん、すべての「お笑い芸人」が「ことばと生活」について優れた「思想性」を抱いているわけではない。というより、今テレビに出ている芸人たちの多くは、軽薄な人気に憧れて出てきた一過性のタレントたちにすぎない。しかし、ごくわずかの優れた「お笑い芸人」がその「笑い」によって炙り出してくれる、日本社会の言語空間の歪みと、その背後にある日本社会の構造的な歪みに気が付くことは、これからを生きる私たちにとても大きな示唆を与えてくれている。

◇資料紹介と自己紹介

私は一人の言語学徒であって、言語学者ではない。この本は、私が三五年間のテレビマン生活とその後の大学教員生活を送ってきた間に感じてきたことを書き言葉でまとめたものである。

本来、書くことがとても嫌いで、それはなぜかというと、「書く」より「話す」ほうがよほど早いし楽だからだ。そうはいってもテレビ局のディレクター・プロデューサーとして働いていたときは、企画書や社内の書類などは書かなければ仕事にならないし、営業や編成との会議のときにはこむつかしい理屈も言わなければならないしで、「ことば・言葉」について、どうしてこんなに不自由なんだろうと思っていたものだ。そんな私にとって最も楽しい時間は、なんば花月やテレビ局の楽屋で、お笑い芸人たちとたわいもない話をして笑い転げるひとときだった。生番組なのに、あまりに楽屋話がおもしろくて、ディレクターの私もＡＤも時間を忘れてしまって、ふと楽屋のテレビモニターを見たら、誰もいないスタジオが映し出されていて皆であわてて走っていったことが何度かあったのは本当のことである。翌日、上司や営業からものすごく怒られたが、そんなときに限って視聴率が高かったものだった。

そんなテレビマン生活を続けているうちに、「お笑い芸人たちは、どうしてこんなに自由に活き活きとしゃべれているのだろう」「それに比べて、私たち社会人はどうして話したり書いたりすることに不自由さを感じるのだろう」と思うようになった。そして、仕事の合間に言語についての本や、社会についての本を読み進めるうちに、「お笑い芸人たちは「ことば・言葉」に象徴されている、この社会の決まりごとにとらわれていないのだ」ということがわかってきたのである。産業社会という実社会から見れば、異端で外れ者でしかない彼らを通してこそ、この社会のおかしなところが見えてくるのではないか、と考えるようになったのだ。私にこういった考えをもたらしてくれた人たちや、本たちを、自己紹介を兼ねながらこれより以下で紹介してゆく。通常の本の終章とは、とても違うスタイルだがお許しいただきたい。

◇島田紳助と明石家さんまと私

紳助とさんまとは、一九七四（昭和四九）年に彼らが吉本興業に入ったときと、私が東京の大学を出て大阪の朝日放送に入社したときが同じだったので、年齢を超えて業界同期生として付き合いが始まった。山口県の田舎から東京の大学へ行き、生覚えの東京弁を使っていた私にとって、就職ではじめて来た大阪で彼らのしゃべる関西弁はとてもおもしろくて魅力的だった。吉本の新人は、進行といって一日に二回ほど、新喜劇の始まりと終わりに舞台の緞帳の上げ下げをするのだが、まだ忙しくなかったディレクターの私も一緒に舞台袖にいて彼らとうだばなしをしたものである。芸人同士の付き合いほど濃密なものではないが、紳助やさんまの「お笑い」についての考えや、「ことば」についての考えを身近で知ることができたことが、本書の基本になっている。そのうち、私がディレクターやプロデューサーとして番組を担当するようになってからは、演出者と出演者としての付き合いとなっていった。

紳助とは、「ヤングＰＬＡＺＡ」という若者向きの音楽番組が最初だったと思う。のちに、彼が家族をおいて単身で東京に進出するきっかけとなった『極楽テレビ』（一九八五年）では、彼が主演者で私がプロデューサーという立場だった。赤坂の小さな部屋で暮らし始める紳助に、インスタントラーメン用の一人鍋をプレゼントしようとしたら、紳助は、「一人鍋は淋しすぎますわ、せめて二人用にして下さい」と言ったことを覚えている。『極楽テレビ』は大失敗に終わったのだが、その後の彼の活躍は素晴らしいものだった。紳助は、「笑い」について誰よりも研究熱心で勉強家で理論家だった。彼が、ダウンタウンをはじめ後輩たちに与えた「笑いの思想性」の影響力は比類のないものである。紳助を正しく評価するべきだ、というのがこの本を書く動機の一つであった。

さんまとは、板東英二・桂文珍・笑福亭鶴瓶が司会をした『ザ・ＢＩＧ』という番組で、視聴者のお宅に出向くレポーターとして出演してもらったのが最初だった。その後、さんまが主演の『花の駐在さん』というコメディーを演出したり、『さんまのフットワーク』というお出かけバラエティのプロデューサーを勤めたりした。『さんまのフットワーク』は、なんば花月の倉庫から余っている大道具や小道具をこっそり借用し、二トントラックに積み込んで近畿各地の漁港に出向き、さんまを座長とする芸人軍団が地元の人たちを巻き込んで、素人芝居を仕立て上げる、というものだった。当時はやっていた「フットワーク便」と「トラック野郎」をもじり、「さんま」なのだから獲れたて水揚げの漁港に行こう、という発想で始めた番組だった。即席の舞台は、道具を運んできたトラックの荷台を使った。軍団のメンバーが、村上ショージやMr.オクレやジミー大西たちで、収録が終わったあとの宿屋でも寝るまでずっと誰かがしゃべっていて、一秒でも間があいたら、「おい、誰か何かしゃべれや」と飽くことなくしゃべり倒し、私がもう寝ようやと言ったら、さんまが、「いや、わし、ずっとしゃべってないと死んでまいますねん」と笑いながら言ったことを覚えている。紳助とさんま、この二人を身近に見たことが、本書の原点だと言える。

また、吉本の芸人さんたちは、近畿各地や四国中国や九州の出身者が多く、誰もがその訛りなど隠そうとしなかったので、劇場の楽屋はいわば「生活ことば」のるつぼだった。なんば花月の楽屋で、堂々と訛った「生活ことば」でしゃべりのオモシロさを教えてくれた人たち、「ごめんやしておくれやして、おくれやっしゃ」の末成由美さん、「ごめん下さい、どなたですか、桑原です、お入り下さい、ありがとう」の桑原和男さん、会うたびに、「ほんま、世の中間違うてまっせ、聞いておくんなはれ」と三〇分はしゃべる西川のりおさん、新幹線の車中で笑い話しで盛り上がって、新大阪を通りこして三人とも新神戸まで行ってしまった思い出のある今いくよ・くるよさん、人生で出会ったすべての芸人さんたちが本書の出典資料と言える。

◎やしきたかじんとの付き合い

ある意味で、やしきたかじん（家舗隆仁）とは紳助とさんま以上に濃密な時間を共有したと言える。テレビのディレクター生活を歌番組担当としてスタートさせた私は、当初は歌手たかじんとの付き合いであったが、やがて一九八八年に昼ベルトの情報番組『晴れ時々たかじん』（月〜金・午後二時〜三時）を始める際に、司会者とチーフディレクターとしての付き合いになった。この番組は主婦層を主な視聴者とする午後二時台に「しゃべくる歌手・たかじん」を起用するという異例のものだった。豪邸訪問や料理や旅といったそれまでの番組作りの常識を捨てて、お昼の二時台に政治や経済や時事ネタを展開するという内容であった。はじめてベルト番組を司会することになったたかじんの真剣さは凄いもので、新聞各紙や月刊誌各誌はもちろん多くの論文などに目を通して勉強することがたかじんと私の日課になった。世界政治や公定歩合の話しをオオサカのオバチャンにわかるように「生活ことば」に落とし込む作業を一緒に夜遅くまで続けた。たかじんのトークに合わせての素材映像を編集する時間的余裕もなく、トークだけで展開することをサポートするためにと考え付いたのがフリップボードの多用と、キーワードを貼り紙で隠してはがす「メクリ」手法で、これは今も多くの情報番組で使われている。ちなみに『晴れ時々たかじん』というタイトルは番組がスタートする前に、タイトル案に苦しんでいた私が気晴らしに立ち寄ったレンタルビデオ屋で角川映画『晴れときどき殺人』を見つけて、「ハレときどきサッジン」と声に出したときに着想したものである。

いずれにしても、島田紳助や明石家さんまややしきたかじんといった、表面は軽妙なトークを展開している「お笑い芸人」たちが、その陰で「ことば」についていかに真剣に考えて取り組んでいるかを目のあたりにしたことが私の言語観に大きな影響を与えてくれたのである。

◇吉本興業のプロデューサーたち

佐敷慎次《さじきしんじ》氏は吉本興業の元プロデューサーで、業界人としては一年先輩なのだが私と同い年だったので、最も親しく付き合った吉本人である。通称「さじやん」、中堅以上の吉本の芸人なら誰もが知っているだろう。今回の執筆に際しても、電話で長時間にわたって昔を思い出して語っていただいた。

お笑い芸人という、いわば世間からの外れ者が大好きで、彼らの才能と資質を見抜くことにかけては素晴らしいものがあった。本文でも書いたが、紳助とさんまの才能と資質を最も早く最も的確に見抜いたのは「さじやん」である。優れたお笑い芸人は、もちろん人並み外れた資質をもっているものだが、やはりその資質を見抜いて育ててくれる伯楽に出会うことを必要とする。

七〇年代、八〇年代には、まだ吉本興業にマネージャー制度というものはなく、マネージャーが付いていたのは、当時の売れっ子であった笑福亭仁鶴と横山やすし・西川きよしと桂三枝だけであった。それ以外の芸人は、いわば「その他」で、制作部の社員が大勢の芸人たちのスケジュールを複数で扱っていた。自分が気になる若手芸人は、自分で見つけて育ててゆくというスタイルだったのだ。そんななかで、佐敷氏は紳助とさんまの二人を、「絶対に天下を取るやっちゃ」と、早い時期から言い切っていた。まだお笑い芸人の才質というものがよくわからなかった私は、どこがどう光っているのかを尋ねたところ、「腹に一物、手に荷物や、ねん」との答えだった。この俗言は、ふつうの言い廻しでは、「腹に一物、背に荷物」で、表面は何にもないように見えるが、腹の中には何かのたくらみがある、という意味だが、芸人を語るときには別の意味となる。その意味は、心の内奥に決して表には現せないほどの屈折したものを抱えている芸人でなければ、手に技芸を付けることはできないものだ、ということである。私が本文中で、お笑い芸人の明るい笑顔の背後には、伺い知ることのできないほどの「哀しみ」や「冥さ」が隠されている、と書いた由来である。さんまの芸人としての資質を「ミラーボール」と呼んだのも佐敷氏だ。

吉本芸人が現在のようにたくさんテレビに出られるようになったのには、佐敷氏をはじめ、優れたプロデューサーが複数いたからである。その筆頭は、木村政雄氏である。吉本芸人のなかで、最も御しにくいと言われていた横山やすしのマネージャーを経て東京進出の足場を作り、関西芸人が現在のように東京で活躍する素地を作ってくれた。芸人の側から見れば、木村氏こそが「漫才ブーム・お笑いブーム」の仕掛人であり、最大の功労者と言うべきであろう。局のプロデューサーという立場からすれば、これほどタフな交渉相手はいなかった。年下の私に対しても決して礼を崩すことなく、そして難儀なことを冷静に言う、優れたメディアプロデューサーだった。今回の執筆に当たっては、直接の取材はせずに木村氏の著書や過去の発言の記録などを出典とした。その理由はまだ語れないこともあるだろうから、との私なりの勝手な配慮による。

もう一人は、吉本興業の現社長の大﨑洋氏である。大﨑氏とも年齢差を超えて、多くの芸人論やテレビ論を交わしたものである。ちなみに、ダウンタウンの才能を見出して育てたのは大﨑氏と紳助である。今回、大﨑氏にも直接の取材をしなかったのは、現社長として語れないこともあるだろう、との私なりの勝手な配慮による。また、ダウンタウンについて語らなかったのは、私が紳助やさんまほどにはダウンタウンのテレビ画面以外の実相を知らないからである。

もう一人、本書の執筆にあたって吉本興業の元広報部長であった竹中功氏にも、インタビューでお世話になった。吉本のタレントが事件を起こしたときなどには必ず、お詫びの記者会見で頭を下げる役目をさせられていた人である。竹中氏は、吉本のなかでも雑誌や音楽や映画などの他メディアに強い若手で、私がディレクターを勤めた『寝る前に翔べ』という深夜番組では、サブカルチャーの論客として出演していただいたこともある業界の後輩である。竹中氏が一九九九年に映画『ナビィの恋』をプロデュースしたことは知っていたのだが、あの時点でなぜ沖縄を舞台にした映画を作ったのかをどうしても知りたかったので、今回あらためて話しを聞いた次第である。彼の話から「ローカリズム」の視点を確認できたことは大変役に立った。

こうしてみると、吉本興業には優れた多くのお笑い芸人がいるだけでなく、優れた伯楽がたくさんいたということがよくわかる。

◎ビートたけし氏と岩本靖夫氏

ビートたけしは、私からすればビートたけしさんである。というのも、面識を得たのは私が朝日放送のテレビ制作部長になってからで、レギュラー番組の『家庭の医学』や、お正月特番の『たけし・所の闘うお正月』などで、ときおり収録時のスタジオ楽屋に出向いて儀礼的な挨拶をする程度だったからである。テレビ番組の制作というものは、その担当のプロデューサーやディレクターが出演者と最も意を通じ合って作るものなので、部長とか局長と言ってもよほど若いときから懇意な付き合いがないかぎりはそのようなものなのである。たけしさんにしたら、そんなサラリーマン部長のことなどはお忘れだと思う。ただ、その「お笑い」や社会に対する「思想性」については、著書を読んだり、一緒に仕事をしていた島田紳助ややしきたかじんを通じて、よく聞き知っていた。しかし、まさかビートたけしさんが「漫才ブーム」以前から、朝日放送と深いつながりがあったのだとは、今回の執筆にあたり岩本靖夫氏に取材をするまでは知らなかった。

今回、この本を書こうと思っていろいろな資料を読み始めていったのだが、読み進めるうちにどうしても納得できないところに行き着いた。それは、一九八〇年の「漫才ブーム」のことである。どんな資料を読んでも、「漫才ブーム」が突然起こって、突然終わった、としか書かれていないのだ。どう考えても、日本全体を巻き込むような一大ムーブメントがいきなり巻き起こるとは思えなかった。「漫才ブーム」の一九八〇年時点では、私はすでに朝日放送のディレクターをしていたのだが、ちょうどその頃は『シャボン玉プレゼント』という歌謡番組を担当しており、ブームの周辺にはいたのだが全景は見えていなかったのだ。そこで、朝日放送の先輩であり、当時「お笑い」を担当していた岩本靖夫氏を訪ねて、三度にわたって話を伺い、残っている資料などを見せていただくうちに、やっと「漫才ブーム」の実相というべき歴史の流れが見えてきたのである。それは既存の「笑芸史」にとって衝撃的な発見の連続だった。それらの資料は、まだブームの歴史評価が定まらない時期の新聞インタビューであったり、雑誌のインタビュー記事であったり、論評であった。それが、第二章の「漫才ブーム」「ビートたけし論」「島田紳助論」で書いたことである。

私からすれば、これでようやく一九七五年から二〇一六年の現在に至るまでの、テレビの「お笑い」の歴史の総体が理解できた、と思っている。「漫才ブーム」の前史として「翔べ翔べ若手漫才の会」があったことや、芸人たちの思想的リーダーがビートたけしと島田紳助であったことや、『TH

E　MANZAI』の企画が岩本氏の手から横澤氏の手へ渡ったことなど、既存の表面史に残されていない事実を書いたことに、不快を感じられる方が多数いるだろうことは充分に想像できる。しかし、歴史は正しく認識してこそ将来につなげられるものである。政治や経済に限らず、「お笑い」の世界においても、通説や巷説として残される歴史がいかに誤謬に満ちたものであるか、ということを痛感した。

また、二〇〇五年にビーワイルド・若杉正明氏と、松竹・榎望氏と、私とでプロデューサーを組んで、監督・崔洋一氏で映画『血と骨』を制作したときに、ビートたけしさんには主演を勤めていただいたことを感謝とともに書き添えておく。

◎準キー局としての朝日放送

私が三四年間勤務した朝日放送は大阪にあるテレビ局であり、『てなもんや三度笠』や『新婚さんいらっしゃい！』から『必殺仕事人』のドラマに至るまで幅広い番組制作の歴史をもつテレビ局であった。大阪の準キー局であるがゆえに、テレビ制作局の所帯は四〇人くらいで、東京キー局とは違って音楽番組や芸能番組やドラマのプロパーというシステムがなかった。ディレクターといえどもプロデューサーといえども、音楽番組でも旅番組でもコメディーでも情報番組でも、担当番組の異動によってはなんでもこなさなければならなかった。これが、あとになって考えれば「ことば」を考えるうえでかけがけのないフィールドワークの宝庫であったのだ。歌手やお笑い芸人や学者や報道記者やアナウンサーや参加視聴者など、ありとあらゆる人達の「現代のことば」に触れていたからである。そして、テレビ制作局の大部屋のソファーで、自覚的な表現思想を身に付けた多くの優れたテレビ制作者たちと年齢差を超えて、「テレビのなかのことば」について語り合ったことが私の「ことばと生活」の思想形成に大いに役立った。東京キー局のように、報道や情報や制作と言った表現領域に大きな障壁がある組織にいたら、そこで働く人は自分たちの使う「ことば」に相対的な疑問を抱くことは難しいだろう。

また、一九七五年に起こった「テレビの腸捻転解消」を若手社員として目撃したことも日本のメディア構造を知るうえで貴重な経験であった。「テレビの腸捻転」とは、それまでは東京放送TBSと大阪・朝日放送がネットを組み、東京NET（日本教育テレビ・現テレビ朝日）と大阪・毎日放送がネットを組んでいたものを、テレビ局経営の背後に存在している新聞社の意向によって、TBS－MBS、NET－ABCとネットを組み替えたことを言う。この作業を最も熱心に進めたのは朝日新聞社であり、この事態は日本のメディア界における新聞資本と東京キー局による一九七〇年代の「メディアの東京一極集中化」を象徴する出来事だったのである。これ以降、新聞社と東京キー局による全国ネット系列化が進捗し、NET（日本教育テレビ）は一九七七年には全国朝日放送（略称テレビ朝日）と名称変更し、朝日新聞社の系列テレビメディアであることを一層明らかにしていった。また、一九八五年に久米宏と朝日新聞社論説委員を起用して『ニュースステーション』を夜一〇時台のベルト番組としてスタートさせるに当たっては、それまで一〇時台に放送していた人気番組『プロポーズ大作戦』（火）や『必殺仕事人』（金）を強硬に時間異動させるなど、東京キー局の準キー局や地方局に対する支配力をまざまざと見せつけた。こうして、一九七〇年代から八〇年代にかけて日本のマスメディアは自らが「東京一極集中」を図り、東京以外の地方局の制作力や表現の場を狭めていったのである。このことについては、あらためて論じたいと思っている。

さて、沖縄音楽の本土メディアにおける登場については朝日放送・元副社長であった和田省一氏にお話しを伺った。和田氏はラジオ番組『おはようパーソナリティ中村鋭一です』を担当されたあと、テレビプロデューサーとして『サンデープロジェクト』を立ち上げて島田紳助をバラエティから報道の領域に導いた人である。本書の執筆にあたり、島田紳助の発言や思想を確認するに際して多くの貴重な助言をいただいた。

本文中では割愛したが『M－1グランプリ』は和田氏が編成局長だったときに、私がテレビ制作部長としてプロデューサーを勤めて番組化させたものである。当初この企画は吉本興業からいくつかの東京キー局へ持ち込まれたのだが東京キー局は番組化に乗らなかった。その理由は、「お笑い芸人のことばを強くしたい」という島田紳助の企画意図が東京キー局のテレビ制作者たちに正しく理解されなかったためだと私は推測している。

そこであらためて朝日放送へ打診されたときに、島田紳助の考えをよく知っている和田氏と私とで番組化を推進して実現した。

次に、何冊かの本を資料として紹介する。私はテレビマンとしての自分の経験をもとに、独学で言語学や社会学や経済学の勉強をした者なので多くの誤読や理解の不十分があると思うのだが、ご容赦いただきたい。本文中で引用が煩瑣になると思ったところは、私なりの言葉で噛み砕いたつもりであるが、ぜひお読みいただきたいと思う本たちである。

◎田中克彦『ことばと国家』ほか

言語学徒にすぎない私に本書を書く勇気を与えてくれたのは田中克彦氏の、「ことばは、ことばを使って生きている誰もが語る資格があるのだ」という言葉だった。『ことばと国家』は、これを小学校で教えてくれていたら、私たち日本人はどれだけ楽に生きられたか、どれだけ楽しくしゃべれるか、という本である。「ことば」の本質を教えてくれる本である。まず何よりも、「話されていることばだけが、ことばである」と教えてくれた。そして文字は二次的につけ加わったものすぎないのであって、「話すことはつねに書くことに先行する」と教えてくれた。そして、「言語は方言においてのみ存在する」「方言は、よそ行きではない、からだから剥がすことのできない、具体的で土着的なことばである、と教えてくれた。これがわかっていれば、誰もが安心して、どこでも平気で堂々と家庭にいるときのように気楽にしゃべれるのだ。そして、私たちは誰もが母から「ことば」を教わるのであって、「母から同時に流れ出す乳とことば」がヒトを人にするのだ、と教えてくれた。そして、母から教わって自然に身に付いた「ことば」を大事にするということが、母を、父を、その祖先たちを大事にして、自分らしく生きることなのだ、と教えてくれた。私は田中克彦氏の言語の本に導かれて、ソシュールを読みコセリウを読み、「ことばと人生」を考えることができた。感謝に堪えない。ただドイツ語が読めないのでフリッツ・マウトナーにはどうしてもたどりつけなかった。今後の私の課題である。

◎ましこ・ひでのり『ことばの政治社会学』

私たちが「母」からもらって身に付けた「ことば」が、どうして人前では自然に気楽にしゃべれないのだろう、という理由を教えてくれる本である。その理由とは、本来は優劣などない、それぞれの人間が自然にしゃべっている「ことば」に社会や国家が優劣を付けるからなのだ。そして、いったん優劣が付けられてしまうと、多くの人間はどうしても優位の側に立ちたくなるのだということを、「劣位集団の主力部分が劣等感に負けて上昇志向をつよめるとき、優位集団への同化をはかる」と教えてくれた。これで、田舎者が東京へ出て行ったら、なぜか「東京弁」をしゃべるようになることの理由がわかる。関西弁だけでなく、東北弁や上州弁が、もっとどんどん平気で東京のオシャレなオフィス内でしゃべれるようになることが人間としては自然なのである。ましこ氏を通して、「ことば」と社会権力との関係を教えてもらい多くの本に進むことができた。

◇ベネディクト・アンダーソン『想像の共同体』

一人一人の自然な「ことば」に優劣を付けるのは社会や国家だと言ったが、よく考えてみれば、「社会」や「国家」なんてどこにあるのかわからないもの、眼には見えないものである。なんとなく皆があるように思っているが、指を指して「これが国家だ」と言えるようなものはないのだ。この本は、「国民」とか「国家」というものが、「イメージとして心に描かれた想像の政治共同体だ」ということを明らかにしてくれる。アンダーソンは、「もともとは存在しないところに、国民を発明したのがナショナリズムなのだ」と言う。私たちは「日本国民」だから、「正しい日本語」を話さなければならない、とかいう決まりはいつか誰かが勝手に作ったものなのだ。そして、それは明治以降のたかだかここ一四〇年間のことにすぎないのだ、ということがこの本からよくわかる。吉本隆明の『共同幻想論』と照らし合わせながら読んだ。

◇寺山修司『戦後詩』

イメージとして描かれた「国家」や「社会」なのだが、いったんできあがってしまうと国家や社会に「共通することば・言葉」を人々に押し付けてしまう。それが「標準化された書き言葉・標準化された話しことば」である。

詩人であり、劇作家であった寺山修司は、この「標準化されたことば・言葉」が、私たち日本人の「ことば・言葉」の表現をとても貧しいものにしてしまったことをいち早く指摘した。それを、「活字の画一性、標準性はことばを、「人間の道具」から「社会の道具」に変えてきた」「耳できく「正確な標準語」もまた、活字と同じように社会的なことばである。「正確な標準語」は政治や経済に関するニュースを報道するには向いているが「人生を語る」には適していない」と言った。「ことば・言葉」に現れている「標準化」思想が、私たち日本人の表現力やコミュニケーション力を弱めてきたことに気付かせてくれる本である。

◇古厩忠夫『裏日本——近代日本を問い直す』宮本憲一『地域開発はこれでよいか』

この二冊の本は、ましこ・ひでのり氏に導かれて読んだ本である。明治日本という「近代国家」と戦後日本の「経済成長」が、日本のなかに「田舎」と「都会」を生み出したことと、一極集中の大都会「東京」を生み出したことを明らかにしてくれる。それは、戦後から今まで続いてきた「経済成長」という考えを、日本列島を一つの家ととらえて、「(原子力施設を置く)青森県のむつ小川原や、(日本国の石油備蓄基地を置く)鹿児島の志布志湾などを、「台所」か「便所」にして、東京のみを座敷にしよう」という考えだ、とじつにわかりやすく説明してくれた。「経済成長」と「都市の神話」は、東日本大震災や福島原発や熊本大地震という経験をふまえた私たち日本人が、今だからこそ最も見直すべき考えだと教えてくれる。また、「ことば」というものが社会や国家の措定した価値規範によって「標準化」に動くだけではなく、経済生活という実利によっても大きく動くのだ、ということがよくわかる。グローバリズムや英語教育が進行する現代だからこそ読むべき本である。

◎まとめ

序章で、「お笑い芸人」たちの、どこがオモシロいのだろう、なぜ、彼らは楽しくしゃべっているのだろう、その存在価値と市場価値はどこから来るのだろう、と書いた。本書はその疑問に対する答えを探る私の試行である。

テレビのなかで「お笑い芸人」たちの話している「ことば」を通して見えてきたもの、それは、私たち日本人が心の底でなんとなく思っていながら、目先の生活に対処することにせいいっぱいで、なかなか口に出しては言えないこと――ここ一四〇年間の日本が疑うことなく進んできた「経済ナショナリズム」や、「均一化された生活」や、「都会に出てつかむ夢」や「標準語を話す思想」など、についての、素朴な疑問にほかならなかった。私が確認できたのは「ことば」と「生活」との密接な関係であり、「ことば」の強度の問題であった。

私たちの日常生活を縛っている、様々な価値規範にとらわれず、人として、素直で自然な「生活ことば」でしゃべること、気楽に、活き活きとしゃべることから、世界が変わるのだ、と私は考えている。

参考文献

田中克彦『ことばと国家』(岩波新書、一九八一年)
田中克彦『ことばとは何か』(ちくま新書、二〇〇四年)
田中克彦『漢字が日本語をほろぼす』(角川SSC新書、二〇一一年)
田中克彦『差別語からはいる言語学入門』(ちくま学芸文庫、二〇一二年)
フェルディナン・ド・ソシュール『一般言語学講義』(小林英夫訳、岩波書店、一九七二年)
エウジェニオ・コセリウ『言語変化という問題――共時態・通時態・歴史』(田中克彦訳、岩波文庫、二〇一四年)
ベネディクト・アンダーソン『定本 想像の共同体――ナショナリズムの起源と流行』(白石隆・白石さや訳、書籍工房早山、二〇〇七年)
ロラン・バルト『文学の記号学――コレージュ・ド・フランス開講講義』(花輪光訳、みすず書房、一九九八年)
桜井哲夫『フーコー 知と権力』(講談社、一九九六年)
ミシェル・フーコー『言語表現の秩序』(中村雄二郎訳、河出書房新社)
ジェームズ・ミルロイ、レズリー・ミルロイ『ことばの権力――規範主義と標準語についての研究』(青木克憲訳、南雲堂、一九八八年)
マーシャル・マクルーハン『グーテンベルグの銀河系――活字人間の形成』(森常治訳、みすず書房、一九八六年)
マーシャル・マクルーハン『メディア論――人間拡張の諸相』(栗原裕・河本仲聖訳、みすず書房、一九八七年)
ましこ・ひでのり『ことばの政治社会学』(三元社、二〇〇二年)
古厩忠夫『裏日本――近代日本を問い直す』(岩波新書、一九九七年)
宮本憲一『地域開発はこれでよいか』(岩波新書、一九七三年)

尾上たかし『新婚さん！べし、べからず、便利帳』（テレビ朝日ブックス、一九八四年）
井上ひさし『國語元年』（中公文庫、二〇〇二年）
井上ひさし、平田オリザ『話し言葉の日本語』（小学館、二〇〇二年）
ウォルター・オング『声の文化と文字の文化』（林正寛他訳、藤原書店、一九九一年）
エドガール・モラン『スター』（渡辺淳・山崎正巳訳、法政大学出版局、一九七六年）
寺山修司『戦後詩――ユリシーズの不在』（ちくま文庫、一九九三年）
安田敏郎『「国語」の近代史――帝国日本と国語学者たち』（中公新書、二〇〇六年）
真田信治『標準語の成立事情――日本人の共通ことばはいかにして生まれたか』（PHP文庫、二〇〇一年）
柴田武『日本の方言』（岩波新書、一九五八年）
石野博史「マスコミと標準語・方言」、藤原宏「教育と標準語・方言」『標準語と方言』（文化庁、一九七七年）
日本放送協会編『NHKアナウンス・セミナー』（日本放送出版協会、一九八五年）
NHK放送文化研究所編『NHKことばのハンドブック　第二版』（日本放送出版協会、二〇〇五年）
中田薫「在京キー局アナウンス部長一問一答」（『放送文化』一九九八年二月号、NHK出版）
加藤昌男『テレビの日本語』（岩波新書、二〇一二年）
渡辺京二『逝きし世の面影』（平凡社ライブラリー、二〇〇五年）
小倉千加子『松田聖子論』（朝日文芸文庫、一九九五年）
松沢哲郎『想像するちから――チンパンジーが教えてくれた人間の心』（岩波書店、二〇一一年）
山極寿一『家族進化論』（東京大学出版会、二〇一二年）
正高信男『ヒトはいかにヒトになったか――ことば・自我・知性の誕生』（岩波書店、二〇〇六年）
正高信男、辻幸夫『ヒトはいかにしてことばを獲得したか』（岩波書店、二〇一一年）
玉木明『言語としてのニュー・ジャーナリズム』（學藝書林、一九九二年）
玉木明『ニュース報道の言語論』（洋泉社、一九九六年）
森本哲郎『「私」のいる文章――発想・取材・表現』（ダイヤモンド社、一九七九年）

朝日新聞記者有志『朝日新聞――日本型組織の崩壊』（文春新書、二〇一五年）
中川一徳『メディアの支配者（上・下）』（講談社、二〇〇五年）
杉山隆男『メディアの興亡』（上・下）（文春文庫、一九九八年）
北之口太「MANZAIブームの種をまいた男――プロデューサー岩本靖夫、裏方の凄み」（『月刊TIMES』一九九九年六月号、月刊タイムス社）
木村政雄『笑いの経済学――吉本興業・感動産業への道』（集英社新書、二〇〇〇年）
横澤彪『テレビの貧格』（東洋経済、二〇〇八年）
三宅恵介『ひょうきんディレクター、三宅デタガリ恵介です』（新潮社、二〇一五年）
ラサール石井『笑いの現場――ひょうきん族前夜からM1まで』（角川SSC新書、二〇〇八年）
澤田隆治『花王名人大賞・にっぽんの芸人392』（レオ企画、一九八三年）
長谷正人、太田省一編『テレビだョ！全員集合――自作自演の1970年代』（青弓社、二〇〇七年）
北野武『全思考』（幻冬舎文庫、二〇〇九年）
北野武『超思考』（幻冬舎文庫、二〇一三年）
島田紳助、松本人志『哲学』（幻冬舎よしもと文庫、二〇〇九年）
島田紳助『ご飯を大盛りにするオバチャンの店は必ず繁盛する――絶対に失敗しないビジネス経営哲学』（幻冬舎新書、二〇〇七年）
明石家さんま『こんな男でよかったら』（ニッポン放送出版、一九八四年）
角岡伸彦『やしきたかじん伝　ゆめいらんかね』（小学館、二〇一四年）
近藤正高『タモリと戦後ニッポン』（講談社現代新書、二〇一五年）
戸部田誠『タモリ学――タモリにとって「タモリ」とは何か』（イースト・プレス、二〇一四年）
樋口毅宏『タモリ論』（新潮新書、二〇一三年）
吉野嘉高『フジテレビはなぜ凋落したのか』（新潮新書、二〇一六年）
マツコ・デラックス『デラックスじゃない』（双葉文庫、二〇一六年）

中村うさぎ、マツコ・デラックス『自虐ドキュメント』（双葉文庫、二〇一四年）
マツコ・デラックス、池田清彦『マツ☆キヨ――「ヘンな人」で生きる技術』（新潮文庫、二〇一四年）

【インタビュー】
岩本靖夫（元・朝日放送ラジオ局プロデューサー）
竹中　功（元・吉本興業広報部長）
佐敷慎次（元・吉本興業プロデューサー）
和田省一（元・朝日放送副社長）

あとがき

本書の出版に際してひとかたならぬお世話になった方々に御礼を申し上げる。これまで、いろいろな本を読む際に私は「あとがき」にさほど気を使ったことがないのだが、今回自分で本を出すにあたって、出版にこれほど多くの人がかかわっていて一冊の本が出来上がるまでにこんなに多くの労苦がともなっていることをはじめて知ったからである。

まず「ことば」についての私の拙い考えに長年にわたって付き合ってくれた友人である元・資生堂広報部長の後藤豊氏と現・資生堂広報部長の上岡典彦氏にとても感謝している。ご両者とは、私が担当していた「ワイドＡＢＣＤＥ～す」という生活情報番組を通して付き合いが始まったのだが、お二人とも実業の世界だけでなく思想や文学や映画の世界にとても幅広い見識をもっていらっしゃって書籍や文献以上に多くのことを学ばせていただいた。後藤氏は資生堂のパリ支店の開設を担われたのだが、フランス語を習得するに際してカトリーヌ・ドヌーブ主演の映画からフランス語を覚えた人で、後に資生堂パリ店にカトリーヌ・ドヌーブが来店した時に「あなたのフランス語は私の話し方によく似てるわね」と言われ、その理由を説明したところから終生の交友が生まれたというエピソードの持ち主である。海外生活を経験したことのない私は、フランス語と英語に堪能な後藤氏からフランスやイギリスやアメリカにおける一般民衆の「話しことば」と「書き言葉」の相互関係の現実を教わった。後藤氏と一緒になって私の話を聴いて下さった上岡氏は「ことば」についての私の持論を本にまとめるよう勧めを下さり、そのおかげで本書の草稿ができあがった。

また「ことば」とマスメディアに関する私の考えを定期的に展開する場として、「マスコミュニケーション論」という講義を与えて下さった同志社女子大学にも深く感謝している。この授業が存在していたおかげで私は「ことば」について弛まぬ勉強を続けることができたし、テレビ制作者として現場を離れたあともテレビ番組や映画に興味をもってふれることができている。格好のチャンスを作って下さった同志社女子大学・川田隆雄教授と、これまで講義を聞いてくれた多くの同志社女子大生たちに感謝している。

そして、書くことが嫌いな私を叱咤しながら資料集めや出典確認に最後まで付き合ってくれた研究助手の滝谷侑紀奈さんには御礼のことばもないくらいである。

最後に、ナカニシヤ出版の酒井敏行さん、本当にありがとうございます。なかなか書籍化に至らなかった私の論稿を認めて下さり一冊の本に仕上げていただいたことに心から御礼を申し上げます。本当にみなさんに感謝です。

吉村　誠

吉村　誠（よしむら　まこと）
1950年山口県生まれ。東京大学文学部社会学科卒。
朝日放送プロデューサー・テレビ制作部長、宝塚造形芸術大学教授を経て、現在、同志社女子大学、関西看護医療大学非常勤講師。
おもな担当番組に、『シャボン玉プレゼント』『新婚さんいらっしゃい！』『晴れときどきたかじん』『ワイドABCDE〜す』『M-1グランプリ』など、プロデュース映画に『血と骨』『秋深き』がある。

お笑い芸人の言語学
テレビから読み解く「ことば」の空間

2017年4月28日　初版第1刷発行
2022年9月30日　初版第6刷発行
（定価はカバーに表示してあります）

著　者　吉村 誠
発行者　中西 良
発行所　株式会社ナカニシヤ出版
〒606-8161　京都市左京区一乗寺木ノ本町15番地
TEL 075-723-0111　FAX 075-723-0095
http://www.nakanishiya.co.jp/

装幀＝白沢 正
印刷・製本＝創栄図書印刷
© Makoto Yoshimura　2017
＊落丁本・乱丁本はお取り替え致します。
Printed in Japan.　ISBN978-4-7795-1171-4　C0036
日本音楽著作権協会（出）許諾第1703384-701号

本書のコピー、スキャン、デジタル化等の無断複製は著作権法上での例外を除き禁じられています。本書を代行業者等の第三者に依頼してスキャンやデジタル化することはたとえ個人や家庭内での利用であっても著作権法上認められておりません。

モダン京都
―〈遊楽〉の空間文化誌―

加藤政洋 編

漱石や虚子、谷崎らが訪れた宿のトポロジー、花街や盛り場の景観のスペクタクル――。文人たちの足どりをもとに、地図、絵図、古写真などを駆使しながら、モダン京都における遊楽の風景を再構成する。

二二〇〇円

ポピュラー音楽の社会経済学

高増明 編

なぜ日本の音楽シーンは世界から孤立し、画一化してしまったのか？ 音楽産業の現状、デジタル化や著作権の問題、ロックの歴史と日本のヒットソングの構造まで、ポピュラー音楽の歴史と現状をトータルに解説。

二八〇〇円

診療所の窓辺から
―いのちを抱きしめる、四万十川のほとりにて―

小笠原望

四万十川に架かる、橋のたもとの診療所。移り変わる四季と、ドラマだらけの臨床に身を置いたひとりの医師が辿り着いた境地とは。現在を生きる人すべてにかかわる心温まる「いのち」のエッセイ。

一五〇〇円

素顔の山中伸弥
―記者が追った２５００日―

毎日新聞科学環境部 編

ノーベル賞受賞秘話とｉＰＳ細胞研究の最前線に毎日新聞記者が密着取材。学生時代のエピソードをはじめとする山中さんの素顔とｉＰＳ細胞研究の今後の展開に迫る迫真のドキュメント。

一八〇〇円

表示は本体価格です。